주여, 우리에게 기도를 가르쳐 주소서!

주여, 우리에게 기도를 가르쳐 주소서!

지은이 | 이재훈
초판 발행 | 2012년 1월 30일

등록번호 | 제3-203호
등록된 곳 | 서울특별시 용산구 서빙고동 95번지
발행처 | 사단법인 두란노서원
영업부 | 2078-3333   FAX 080-749-3705
출판부 | 2078-3477

책 값은 뒤표지에 있습니다.
ISBN 978-89-531-1702-0   03230

편집부에서 독자의 의견을 기다립니다.
tpress@duranno.com   http://www.Duranno.com

2011~2012 온누리교회 40일 특별새벽기도회 메시지

주여, 우리에게 기도를 가르쳐 주소서!

이재훈 지음

두란노

제가 온누리교회 2대 담임목사로 취임한 후 첫 번째 갖는 40일 특별새벽기도회는 하나님이 온누리교회 성도들을 기도로 하나 되게 하신 은혜의 시간들이었습니다.

하나님은 2기 사역을 시작하는 특별새벽기도회 주제를 "주여, 우리에게 기도를 가르쳐 주소서"로 주셨습니다.

예수님께 기도를 가르쳐 달라고 간청하는 제자들처럼 겸손한 마음으로 온누리교회 2기 사역을 시작하라는 주님의 음성이었습니다. 기도에 대한 갈망은 곧 하나님을 향한 갈망이기 때문입니다.

기도는 신앙의 수단이 아닙니다. 기도 그 자체가 신앙의 목적입니다. 우리는 신앙생활을 하기 위해 기도하는 것이 아니라 기도하기 위해 신앙생활을 하는 것입니다.

무엇보다도 기도는 예수 그리스도 안에서 우리가 하나님과 연합을 이루게 합니다.

삼위일체 하나님과의 신비스러운 연합을 경험하게 합니다.

날마다 기도를 배우기 원하고 간절한 마음으로 기도하는 성도들은 하나님이 예비하신 신령한 은혜를 경험하게 될 것입니다.

"주여, 우리에게 기도를 가르쳐 주소서!"

제자들의 간청이 우리 신앙의 고백이 되기를 원합니다.

이재훈 목사(온누리교회 담임 목사)

part 1

주께서 가르쳐 주신 기도

1

하늘에 계신 우리 아버지

예수님과 함께 매일 생활하던 제자들에게 가장 큰 도전을 주었던 예수님의 삶의 모습은 바로 기도하는 모습이었습니다. 예수님의 삶은 제자들에게 기도의 갈망을 불러일으켰습니다. 우리도 자녀들에게 이런 도전을 줄 수 있다면, 우리 자녀들의 삶은 결코 실패하지 않을 것입니다. 많은 재산, 사회적 지위, 명예를 물려주지 않더라도 무릎 꿇고 홀로 조용히 기도하는 모습을 자녀들의 뇌리에 남겨 놓을 수 있다면 우리의 삶은 결코 헛된 인생

주여, 우리에게 기도를 가르쳐 주소서!

이 아닐 것입니다.

주님께 문을 열어 드리십시오

기도는 날마다 무슨 문제가 있어서 하나님 앞에 나아가는 것이 아닙니다. 진정한 기도의 목표는 하나님을 바라보고 또한 하나님이 나를 바라보는 시간을 가지시도록 하는 것입니다. 우리의 삶 속에 하나님의 임재가 나타나지 않는 것은 하나님이 개입하실 시간을 드리지 않았기 때문입니다. 하나님은 우리가 하나님을 찾기 이전에 그보다 더 많은 시간 동안 우리를 기다리고 계십니다. 기도를 하다 보면 내가 기도를 시작한 것 같지만 사실 하나님이 나를 부르셨다는 것을 깨닫게 됩니다.

"보라. 내가 문 앞에 서서 두드리니 누구든지 내 음성을 듣고 문을 열면 내가 들어가서 그와 함께 먹고 그는 나와 함께 먹을 것이다"(계 3:20).

이 말씀은 미지근한 신앙에 머물러 있는 라오디게아교회 성도들에게 주신 말씀입니다. 왜 신앙이 미지근합니까? 주님이 자신의 삶에 들어오실 만한 여지를 주지 않았기 때문입니다. 우리가 문을 열지 않기 때문에 주님은 늘 문밖에 계십니다. 미지근함은 어떤 의미에서 심각한 악입니다. 미지근하다는 것은 갈망이 없다는 것입니다. 우리의 마음과 육신은 갈망으로 가득 차 있습니다. 갈망도 하나님이 주신 것입니다. 하나님을 향한 갈망이 없으면 우리의 갈망은 방향을 잃고 맙니다. 기도에 대한 깊은 갈망과 하나님을 만나고 싶은 열망이 있는 사람은 세상적인 갈망이 엄습해 와도 이겨 낼 수 있는 힘과 능력이 있습니다.

하나님을 부르는 기도

예수님은 제자들에게 주기도문을 가르쳐 주셨습니다. 엄밀하게 말하자면 '주기도문'이라고 말하는 것보다 '주께서 가르쳐 주신 기도'라고 부르는 것이 정확합니다.

주기도문은 기도입니다. 주님께서 우리에게 '이렇게 기도하라'고 가르쳐 주신 것입니다. 주기도문의 내용을 보면 하나님을 부르는 내용과 여섯 개의 간구가 나옵니다. 여섯 개의 간구 중 세 개의 간구는 하나님에 관련된 것입니다. 하나님의 이름, 하나님의 나라, 하나님의 뜻입니다. 그리고 나머지 세 개는 우리에 관한 것입니다. 일용할 양식, 죄의 용서, 시험에 들지 않고 악에 빠지지 않는 것을 말합니다.

예수님이 가르쳐 주신 기도 중 첫 번째인 하나님을 부르는 기도에 관해 살펴보겠습니다. 예수님은 우리가 하나님을 부를 때 '하늘에 계신 우리 아버지'라고 부르게 하셨습니다. 예수님이 하나님을 아버지라 부르라고 가르쳐 주셨을 때, 그것은 그 당시 사람들에게는 엄청난 충격이었습니다. 모든 유대 문서들을 통틀어 보아도 하나님을 아버지라고 부른 적이 없기 때문입니다. 하나님을 아버지라고 부르는 것은 하나님이 우리를 창조하신 분이라는 의미입니다. 그것은 하나님에게 남성성만 있다는 의미가 아니라 하나님이 우리의 존재의 근원이시라는 뜻입니다.

그런데 하나님을 아버지라 부를 때 마음에 부딪히는 벽이 있습니다. 바로 우리와 육신의 아버지와의 관계입니다. 육신의 아버지와의 관계에 아픈 상처가 있는 사람들은 하나님을 아버지라고 부를 때 하나님과의 친밀함을 느낄 수 없습니다.

아버지학교에서 전해진 소식에 의하면 교도소에 수감된 사람 중 70% 이상이 자신이 교도소에 간 이유를 아버지와의 나쁜 관계, 아버지로부터 사랑받지 못했기 때문이라고 고백했다고 합니다. 육신의 아버지와의 관계가 제대로 형성되어 있지 않으면, 하나님을 아버지라고 부를 때 하나님과의 관계에 어려움을 느낄 수밖에 없습니다.

육신의 아버지와의 관계가 깨어진 분이 있다면 반드시 회복해야 합니다. 육신의 부모님과의 관계에서 마음의 갈등, 상처가 있다면 반드시 그 문제를 해결하고 넘어가야 합니다. 이것이 가장 시급한 기도제목이 되어야 합니다.

아바 아버지, 기도의 출발

예수님은 '아버지'라는 단어뿐만 아니라 '아바'라는 단어도 사용하셨습니다. 아버지보다 아바라는 단어가 훨씬 더 친밀하고 가까운 관계를 나타냅니다. 이것은 우리말로 아빠를 말합니다. 예수님은 '아바 아버지'라는 단어를 많이 사용하셨습니다. 예수님과 성령님이 이 땅에 오신 목적은 바로 우리로 하여금 하나님을 아바 아버지로 부르게 하기 위함입니다.

> "여러분이 아들들이므로 하나님께서 자기 아들의 영을 우리 마음속에 보내셔서 '아바 아버지'라고 부르게 하셨습니다"(갈 4:6).

> "여러분은 다시 두려움에 이르게 하는 종의 영을 받지 않고 양자의 영을 받았습니다. 우리는 그 영으로 아바 아버지라고 부릅니다"(롬 8:15).

아바는 어린아이의 언어입니다. 언어에는 정보를 교환하는 언어가 있고, 친밀함을 나누는 언어가 있습니다. 우리에게 행복과 친밀함을 가져다주는 언어는 정보를 교환하는 언어가 아닙니다. 친구들과 나누는 언어, 가정에서 가족들과 주고받는 언어 같은 친밀함을 나누는 언어가 우리를 행복하게 합니다. 아바 같은 어린아이의 언어가 우리를 행복하게 합니다. 어린아이의 언어는 때로는 앞뒤가 맞지 않고 유치하지만 배워야 할 점이 있습니다. 바로 친밀함입니다.

하나님과 나누는 영적인 언어에서 우리는 아바로부터 시작해야 합니다. 어린아이의 신앙일 때는 하나님께 무조건 모든 것을 달라고 합니다. 그러나 시간이 지날수록 아버지를 어떻게 섬기고 어떻게 기쁘시게 할까를 생각하게 됩니다. 그러한 성장이 있는 것처럼 우리가 아바 아버지의 뜻이 무엇인가를 분별하는 단계에 이르러야 합니다.

기도를 배울 때에는 하나님과 정보를 나누기보다는 친밀함을 나누는 기도를 먼저 배우십시오. 그것은 단순합니다. "아빠 감사해요. 아빠, 힘들어요. 아빠, 도와주세요. 아빠, 내 마음이 아파요"라고 하는 것입니다. 이것이 기도의 출발입니다. 우리의 기도에 아바 아버지의 기도가 회복되기를 바랍니다.

하늘에 계신 우리 아버지

기도의 목적, 아버지와의 친밀함

혹시 기도를 깊이 체험하지 못한 분이 있다면 먼저 아버지의 이름만을 계속 불러 보십시오. 하나님은 아버지의 이름을 계속 부르며 기도하는 자에게 반드시 응답하십니다. 그렇다면 아버지의 이름을 통해 우리가 도달해야 하는 목표는 무엇일까요? 바로 요한복음 17장에 나오는 것과 같은 아버지와의 친밀한 관계에 기초한 기도입니다.

> "내 것은 모두 아버지의 것이며 아버지의 것은 모두 내 것입니다"(요 17:10).

이것이 우리의 목표입니다. 기도의 목적은 아버지와의 친밀함입니다. 예수님은 하나님을 '아버지'라고 부르심과 동시에 '하늘에 계신 아버지'라고 하셨습니다. 그것은 하나님이 우리와 친구처럼 대화할 수 있는 아버지이지만 하늘에 계시기에 우리가 경외해야 할 분이라는 것을 의미합니다.

친밀함과 경외감의 균형이 있어야 합니다. 아버지와 친밀하다고 해서 예의 없이 함부로 행동할 수는 없습니다. 하나님은 하늘에 계시고 우리는 땅에 있기에 말도 조심해야 합니다. 여기에서 말하는 하늘은 'sky'가 아닙니다. 영어에서는 'heaven'과 'sky'를 구분했습니다.

하나님은 또한 모든 곳에 계십니다. 예수님을 잘 믿는 사람들의 마음에만 계시는 것이 아니라 하나님을 거부하는 사람들에게도 임재하십니다. 우리가 믿는 하나님에 대한 가장 완벽한 설명은 하나님은 하늘에 계시며 동시에 우리의 아버지시라는 것입니다. 예수님은 하나님을 부를 때 '우리 아버지'라고 부르셨습니다. 하나님은 나의 아버지가 아닌 우리의 아버지이십니다. 우리가 각자 기도할 수 있지만 함께 기도해야 하는 이유가 여기에 있습니다.

우리는 기도 공동체입니다. 나의 기도이기도 하지만 우리의 기도가 있어야 하는 것입니다. 하나님은 장로교의 하나님인 동시에 순복음교의 하나님, 감리교의 하나님, 침례교의 하나님이십니다. 하나님은 어느 교파와 어느 지역의 하나님이 아닙니다. 우리의 아버지이십니다. 그러므로 우리는 하나님의 가족으로서 함께 기도해야 합니다.

하늘에 계신 우리 아버지

2

주의 이름을 거룩하게 하시며

그러므로 이렇게 기도하라.
'하늘에 계신 우리 아버지, 주의 이름을 거룩하게 하시며.
– 마태복음 6장 9절 –

영성훈련에는 보통 두 가지 길이 있습니다. 첫째는 마음의 감동을 통해 몸이 변화되는 것이고, 둘째는 몸을 훈련함으로써 마음을 새롭게 하는 것입니다. 그런데 기독교 역사의 영성훈련가들의 기록을 읽어 보면 후자가 훨씬 많습니다. 일단 순종함으로 나의 몸을 하나님께 드리면 마음의 변화가 뒤따라오고 이를 통해 하나님의 뜻을 분별할 수 있습니다.

기도하고 싶지만 기도가 잘 안 되지는 않습니까? 기도하고픈

주여, 우리에게 기도를 가르쳐 주소서!

마음이 생길 때까지 기다리면 우리는 평생 기도를 못할 수 있습니다. 기도하기 위해서는 몸을 복종시켜 먼저 무릎을 꿇어야 합니다.

기도의 세 가지 요소

기도에는 세 가지 중요한 요소가 있습니다. 첫 번째는 간구입니다. 간구는 도와달라는 기도입니다. 나의 문제, 필요, 고민, 아픔 등을 올려 드리는 기도가 바로 간구의 기도입니다. 두 번째 요소는 내 문제가 아닌 다른 사람의 필요, 세상을 향한 하나님의 뜻을 구하는 중보의 기도입니다. 그런데 이 간구와 중보기도를 뒷받침하는 기도가 있습니다. 바로 경배의 기도입니다. 경배의 기도가 없으면 우리의 간구와 중보는 힘을 잃게 됩니다. 경배는 하나님의 하나님 되심을 인정하고 하나님의 영광에 초점을 맞추는 것입니다. 하나님의 영광, 하나님의 이름이 거룩히 여김을 받기를 구하는 것, 하나님 나라가 임하기를 원하는 것, 하나님의 뜻이 이 땅 가운데 이뤄지길 소원하는 이 경배의 기도를 먼저 하나님 앞에 드릴 때 우리의 간구와 중보가 아름답게 열납됩니다.

예수님은 경배의 기도를 말씀하시면서 기도 가운데 반드시 들어가야 할 내용을 알려 주셨습니다. 우리는 내가 기도하는 대

주의 이름을 거룩하게 하시며

상, 나의 기도를 들으시는 분이 하늘에 계신 우리 아버지시라는 것을 깨닫고 기도하는지, 그리고 기도하는 이가 진정 나 자신인지 정확히 알고 기도해야 합니다. 그래서 있는 그대로의 나 자신을 정직하고 솔직한 고백을 통해 하나님 앞에 겸손하게 드려야 합니다.

거룩의 의미

우리는 먼저 경배의 기도를 드려야 합니다. 예수님은 우리에게 여섯 가지 기도를 가르쳐 주셨습니다. '주의 이름을 거룩하게 하시며, 주의 나라가 임하게 하시고, 주의 뜻이 하늘에서와 같이 이 땅에서도 이루어지게 하소서'라는 세 가지 기도 내용은 하나님께 영광을 올려드리는 기도입니다.

'주의 이름을 거룩하게 하소서'에서 '이름'은 존재 자체, 인격을 의미합니다. 이름을 더럽히는 것은 그분의 존재를 무시하는 것입니다. 또한 그분에게 합당한 영광을 돌리지 않았다는 것을 의미합니다. 이미 십계명에서는 하나님의 이름을 망령되이 일컫지 말라고 했습니다.

성경에 나오는 단어 중 많은 사람들이 왜곡하여 알고 있는 단어가 바로 '거룩'입니다. 한국교회는 거룩한 예배라 하면 움직이

거나 박수치지 않고 가만히 앉아서 드리는 예배로 오해하고 있습니다. 이렇게 외형적으로 사람들이 정해 놓은 거룩은 진정한 의미의 거룩이 아닙니다. 거룩하다는 것은 구별되었다는 것을 말합니다. 우리는 장소와 의복을 구별해서 거룩하다고 합니다. 그러나 하나님은 인간과는 본성 자체가 구별된 분입니다. 인간은 자신을 사랑하는 사람만 사랑하지만 하나님은 자신을 거역하는 사람도 사랑하신다는 사실이 바로 하나님의 본성이 구별되었다는 것을 보여 줍니다. 인간은 세상의 악, 환경, 상황 등에 영향을 받지만 하나님은 어떠한 세상의 악이나 상황에도 영향을 받지 않으신다는 점에서 구별됩니다.

그렇다면 거룩한 삶은 무엇을 의미합니까? 하나님은 '나는 거룩하니 너희도 거룩하라'는 명령을 주셨습니다. 레위기 19장에서는 거룩의 내용이 사랑이라고 말합니다. '너희는 나그네를 잘 대접하라. 너희 가운데 있는 가난한 자를 잘 섬기라. 그리고 네 원수를 사랑하라.' 하나님이 우리에게 주신 '거룩하라'는 명령은 바로 '사랑하라'는 것입니다. 하나님이 거룩하시다는 것은 이 세상에서 찾아볼 수 없는 완전한 사랑, 놀라운 사랑, 변치 않는 사랑을 우리에게 주는 분이심을 의미합니다. 하나님의 거룩과 사랑은 분리되어 있지 않습니다.

어떻게 하면 이 세상에서 거룩하게 살 수 있습니까? 세상과

주의 이름을 거룩하게 하시며

구별된 삶을 살 때 거룩해집니다. 이 세상이 보여 주지 못한 사랑을 베푸는 것이 바로 거룩입니다. 어떤 외형적인 것이 거룩을 만드는 것이 아닙니다. 우리의 내면에서부터 하나님의 사랑이 흘러넘칠 때 거룩한 삶을 살게 됩니다.

거룩한 이름을 위해 일하시는 하나님

성경에 하나님이 자신의 거룩한 이름을 위하여 일하신다는 말씀이 기록돼 있습니다.

> "그러나 나는 내 이름으로 인해 여러 이방 민족들이 보는 앞에서 이스라엘 민족을 이집트 땅에서 이끌고 나옴으로써 그들에게 내 자신을 나타내 보였고 이스라엘이 이방 사람들 앞에서 내 이름을 더럽히지 않도록 했다"(겔 20:9).

이스라엘을 출애굽 시키신 이유가 무엇일까요? 바로 하나님의 거룩한 이름 때문입니다.

> "그러므로 너는 이스라엘 족속에게 말하여라. '주 여호와가 이렇게 말한다. 이스라엘 족속아, 내가 이런 일을 하는 것은

주여, 우리에게 기도를 가르쳐 주소서!

너희를 위해서가 아니라 그곳으로 갔던 민족들 사이에서 너희가 모독한 내 거룩한 이름 때문이다. 너희가 그들 가운데 더럽히고 민족들 사이에서 더럽혀진 내 위대한 이름을 내가 거룩하게 할 것이다. 내가 그들이 보는 앞에서 너희를 통해 내 거룩함을 보여 줄 때 내가 여호와임을 그 민족들은 알게 될 것이다. 주 여호와의 말이다'"(겔 36:22~23).

에스겔, 이사야, 예레미야 등의 예언서를 보면 하나님이 거룩한 이름을 위하여 백성을 심판하셨다고 쓰여 있습니다. 또 이들을 돌아오게 하시는 것도 거룩한 하나님의 이름을 위함이라고 기록돼 있습니다. 하나님이 택하신 백성의 멸망은 곧 하나님의 이름이 더럽혀지는 것과도 같습니다. 그러나 하나님은 하나님의 이름을 조롱하는 이방 민족들을 징계하시고 택하신 백성을 다시 돌아오게 하십니다. 그 이유는 하나님의 거룩한 이름을 지키시기 위해서입니다.

"내 영혼을 회복시키시고 당신의 이름을 위해 의로운 길로 인도하십니다"(시 23:3).

하나님이 우리의 삶을 인도하시는 것은 하나님의 이름 때문

주의 이름을 거룩하게 하시며

입니다.

> "주는 내 반석이시요, 내 요새시니 주의 이름을 위해 나를
> 이끄시고 인도하소서"(시 31:3).

그러므로 우리는 시편 기자처럼 기도해야 합니다. '하나님,
저의 삶을 인도하여 주시옵소서. 하나님의 이름을 위해 나를 인
도하여 주시옵소서.'

이러한 기도가 하나님이 기뻐하시는 기도입니다.

하나님이 하나님의 이름이 거룩히 여김을 받기 위해 행하신
가장 분명한 일은 그 아들 예수 그리스도를 십자가에 못 박은 사
건입니다. 예수님이 십자가를 지시기 전에 하신 고백을 보면 '아
버지의 거룩한 이름을 위하여' 십자가를 지는 것이라고 반복해
서 나옵니다.

> "'아버지여, 아버지의 이름을 영광스럽게 하소서!' 바로 그때
> 하늘에서 소리가 들려왔습니다. '내가 이미 영광스럽게 했
> 다. 다시 영광스럽게 할 것이다'"(요 12:28).

십자가 사건이야말로 하나님의 본성을 가장 잘 나타내는 사

주여, 우리에게 기도를 가르쳐 주소서!

건입니다. 하나님이 우리를 얼마나 사랑하시는지, 죄를 얼마나 미워하시는지 분명하게 드러납니다. 십자가 사건을 통해 아버지의 이름이 거룩히 여김을 받았습니다. 이 세상에 살면서 기도를 드릴 때 당장은 손해 보는 것처럼 보일 수가 있습니다. 그러나 하나님 아버지의 이름이 거룩히 여김을 받기 위해 우리가 그 손해를 기꺼이 감당할 때, 하나님이 우리의 삶을 선하게 인도하실 것입니다.

거룩한 이름을 위해 기도하는 이유

우리가 거룩한 하나님의 이름을 위하여 기도하는 이유는 세상이 하나님의 이름을 더럽히는 것들로 가득하기 때문입니다.

> "기록되기를 '하나님의 이름이 너희로 인해 이방 사람들 사이에서 모욕을 당하는구나'라고 한 것과 같습니다"(롬 2:24).

하나님의 이름을 부르는 사람이 그에 합당한 삶을 살지 못한다면 결국 그분의 이름이 모욕을 당합니다. 그렇다면 하나님의 이름이 어떻게 우리 안에서 영광 받을 수 있습니까? 마르틴 루터는 "우리의 생활과 교리가 일치할 때 하나님이 영광 받으실 수 있다”라고 말했습니다. 우리가 믿는 것과 사는 것이 하나가 될 때 하나님의 이름이 거룩히 여김을 받으실 것입니다.

우리는 거룩한 삶을 살기 원한다고 수없이 기도합니다. 그런데도 변하지 않는 이유는 그 순서가 바뀌었기 때문입니다. 내가 거룩한 삶을 살겠다고 결단하고 결심하는 것보다 더 중요한 것은 아버지의 이름이 거룩히 여김을 받으시는 것입니다.

먼저 하나님께 초점을 맞추시기를 바랍니다. 예수님이 우리에게 ‘주의 이름이 거룩히 여김을 받으소서’라는 기도를 가르쳐 주신 이유가 바로 여기에 있습니다. ‘주의 이름이 거룩히 여김을 받으소서’라고 기도하는 사람들은 반드시 거룩한 삶을 살 것입니다. 세상 속에서 우리의 사명은 바로 이것입니다. 우리 때문에 주변 사람들이 아버지의 이름을 거룩하게 여기는 것입니다. 일평생 우리의 기도 속에 ‘주의 이름이 거룩히 여김을 받으시옵소서’라는 기도제목을 주님 앞에 올려드리기를 바랍니다.

3

주의 나라가 임하게 하시고

주의 나라가 임하게 하시고
주의 뜻이 하늘에서와 같이 땅에서도 이루어지게 하소서.

— 마태복음 6장 10절 —

진정한 복음의 순서

예수님이 갈릴리에서 공생애를 시작하시면서 가장 먼저 하신 말씀은 "때가 찼고 하나님 나라가 가까이 왔으니 회개하고 복음을 믿으라!"(막 1:15)는 것입니다. 이 말씀은 순서가 중요합니다. 보통 믿지 않는 사람에게 복음을 전할 때 "회개하고 복음을 믿고 하나님 나라에 가십시오"라고 설명하지 않습니까? 그러나 예수님은 그 순서를 뒤바꾸어 설명하셨습니다. 우리는 회개하고 예수님을 믿은 후에 천국에 가는 것으로 말하지만, 예수님은 천국이 우리에게 왔으니 회개하고 복음을 믿을 수 있게 된 것이라고 말씀하십니다. 우리가 회개할 수 있는 이유는 바로 천국이 가까이 왔기 때문입니다. 우리가 천국을 찾고 발견하는 것이 아닙니다. 이 순서는 의미가 다릅니다. 천국이 우리에게 오지 않으면 우리는 천국에 들어갈 수 없습니다. 천국은 우리의 노력으로 가는 곳이 아닙니다. 천국이 우리에게 왔기 때문에 회개가 가능한 것입니다.

누가복음 15장에 집을 나간 둘째 아들의 이야기가 나옵니다. 그 아들이 회개하고 집으로 돌아옵니다. 만일 아버지가 문을 열어 놓지 않았다면 아무리 아들이 돌아왔다고 해도 소용이 없었을 것입니다. 아들의 회개가 의미 있게 되고, 회개를 통해 집으로 돌아올 수 있었던 비결은 아버지 집의 문이 열려 있었기 때문입니다. 그 아들에게 주어진 복음은 때가 찼고 아버지 집의 문이 열려 있으니, 회개하고 그 집으로 들어가라는 것입니다.

아버지 집의 문이 열려 있는지, 아버지가 용서를 했는지 알지 못한다면 회개를 해 봤자 아무 소용이 없습니다. 우리가 회개했기 때문에 천국에 들어가는 것이 일차적인 원인이 아니라 아버지께서 용서하시고 기다리시기 때문에 회개할 수 있는 것입니

주의 나라가 임하게 하시고

다. 이 말씀의 명확한 차이를 알아야 합니다. 회개하고 죄를 용서받는 것이 순서라고 세상은 말합니다. 그러나 예수님은 뒤집어서 설명하십니다. "너희의 죄가 용서되었으니 회개하라"고 말씀하십니다. 이것이 복음입니다. "하나님이 이미 너를 용서하고 기다리고 계시니 빨리 돌이켜 그 집으로 돌아가라"는 의미입니다. 오늘 예수님은 하나님이 이미 우리를 용서하고 기다리고 계시니 빨리 돌이켜 그 집으로 들어가라고 말씀하십니다.

삶 속에 들어오시는 하나님

하나님 나라가 가까워졌다고 하신 것은 하나님 나라가 세상 속, 역사 속으로 뚫고 들어왔다는 표현으로 해석할 수 있습니다. 하나님 나라가 세상 속으로 뚫고 들어왔다는 것은 이 세상이 하나님 나라의 밖에 있었다는 것입니다. 그렇다고 해서 하나님의 다스림 밖에 있었다고는 할 수 없습니다. 절대주권과 하나님 나라를 구분해야 합니다. 지옥과 사탄 그리고 모든 세력과 모든 사람 역시 하나님의 주권 아래 있습니다. 그러나 그들이 하나님 나라의 백성이라고 불리지는 않습니다. 그 이유는 그들이 하나님의 다스림을 거부하기 때문입니다. 그러므로 하나님 나라는 주의 이름이 거룩히 여김을 받는 사람들, 영역, 그 뜻에 순종하는 사람들이 있는 곳을 말합니다.

하나님의 나라가 세상 속으로 뚫고 들어왔다는 것은 이 세상이 하나님의 다스림을 거부해서 하나님 나라가 아닌 세상의 나라가 됐다는 것을 의미합니다. 아담과 하와 이후에 태어난 모든 사람들은 에덴동산 밖에서 태어났습니다. 그 이유는 아담과 하와가 죄로 인해 에덴동산 밖으로 쫓겨났기 때문입니다. 그들은 회개를 통해 에덴동산으로 다시 돌아올 수도 있었습니다. 그런데 성경을 보면 아담과 하와는 죄를 인정하지 않았고 책임을 전가했고 회피했으며 회개하지 않았습니다. 그렇기 때문에 그들은 하나님 나라로 돌아올 수가 없었습니다. 아담과 하와의 죄는 실수가 아니라 의도적인 불순종이었습니다. 충동적 실수가 아니라 결단을 통해 내린 선택이었습니다. 하나님은 그들이 잘못을 인정하고 하나님의 다스리심 앞으로 나아오길 원하셨습니다. 그러나 그들은 그렇게 하지 않았습니다. 회개가 없는 세상, 이것이 하나님 나라 밖에서 살고 있는 지금 세상의 모습입니다.

그러면 하나님은 에덴동산 밖으로 쫓겨난 아담과 하와를 내버려 두셨습니까? 그렇지 않습니다. 하나님은 "네가 어디 있느냐"(창 3:9)라고 물으시며 다시 찾으셨습니다. 성경 말씀을 보면 하나님은 에덴동산 밖에 있는 아담과 하와의 후예들에게 끊임없이 찾아오셨습니다. 하나님이 그들의 삶 속에 찾아오신 목적은 그들이 다시 하나님 나라에 들어오도록 하기 위함이었습니다.

세상에서는 조직을 보호하기 위해서 불순종하고 반역하는 사람들을 끊어 냅니다. 그러나 하나님은 세상과 달리, 거룩하신 분입니다. 하나님은 불순종하는 이들을 끊어 내시는 분이 아니라 그들을 다시 하나님 나라로 들어오도록 하는 분이십니다. 사람들은 알지 못하지만 하나님 나라 안으로 들어와야 참된 생명이 있기 때문에 하나님은 사람들을 내버려 두실 수 없는 것입니다. 그러므로 주님은 하나님 나라 밖에 거하는 영혼들을 끊임없이 찾아가시고 문을 두드리시며 그들의 삶 속으로 들어가십니다.

기도의 세 가지 의미

"주의 나라가 임하게 하소서"라는 기도는 세 가지의 의미가 있습니다.

첫째는 '회개의 기도'입니다. 하나님의 다스림을 거부하고 있는 모든 것에 대해 회개하는 기도입니다. 나는 에덴동산 밖에서 태어났으며 하나님의 다스림을 거부하고 있었다고 인정하는 기도입니다.

둘째는 '응답의 기도'입니다. 회개하고 믿으라고 하신 하나님의 말씀에 믿음으로 응답하는 기도입니다. 예수님의 사명은 더

나은 나라와 더 좋은 율법을 보여 주는 것이 아닙니다. 예수님은 우리를 하나님 나라로 부르시기 위하여 이 땅에 오신 것입니다. 우리의 삶에서 아무리 중요한 것이라 할지라도 하나님 나라의 부르심보다 중요한 것은 없습니다. 그 부르심에 믿음으로 순종해야 합니다.

셋째는 '선교의 기도'입니다. 이는 복음이 전해지지 않은 열방을 향하여 하나님 나라의 부르심에 응답하도록 간구하는 기도입니다.

> "하나님, 우리에게 은혜를 베푸시고 복을 주시며 그 얼굴을 우리에게 비추소서. (셀라) 그리하여 주의 길이 땅에 알려지고 구원하시는 주의 힘이 온 민족들 사이에 알려지게 하소서. 오 하나님이여, 민족들이 주를 찬양하게 하소서. 모든 민족들이 주를 찬송하게 하소서"(시 67:1~3).

이것이 바로 선교의 기도입니다.

오늘날 교회를 평가하는 기준이 잘못됐습니다. 교회를 평가하는 전통적인 기준의 ABC는 이것입니다. 'Attendance'(얼마나 많은 교인이 참석하는가), 'Building'(얼마나 좋은 예배당을 가지고 있는가), 'Cash'(얼마나 많은 헌금이 모이는가). 그러나 사도행전적 교회의 기준은 'Apostle'(사도, 얼마나 많은 사람들이 사도적인 삶을 살고 있는가), 'Baptism'(세례, 얼마나 많은 사람들이 이 교회를 통해 세례를 받았는가), 'Cell'(소그룹, 교회에 건강한 소그룹이 얼마나 많은가)이라고 할 수 있습니다. 이것이 교회를 평가하는 진정한 기준이 되어야 합니다.

복된 소식을 전하십시오

우리는 아직도 주의 기쁨의 소식을 모르는 열방을 위해 '주님의 나라가 임하게 하소서'라고 기도하며 간구해야 합니다.

1945년 우리나라는 해방되었습니다. 만일 그때에 텔레비전이나 라디오 같은 통신기기가 발달되지 않은 지역이 있다고 생각해 보십시오. 그곳에는 미처 해방의 소식이 전해지지 않았을 것입니다. 그곳의 사람들은 여전히 식민지 백성으로 살고 있다고 생각할 것입니다. 나라의 주권이 바뀌었는데도 그것을 모른 채 살아가는 것입니다. 그렇다면 이 소식을 알고 있는 사람인 우리가 그들에게 나라의 주권이 바뀌었다고 알려 주어야 할 것입니다.

선교도 마찬가지입니다. 이 복된 소식을 전하는 것이 바로 선교입니다. 이렇게 전하십시오. "당신은 해방되었습니다. 당신은 이제 하나님 나라의 백성으로 살 수 있게 되었습니다. 그 나라에 들어오십시오. 아무것도 요구되는 것이 없습니다. 그저 듣고 믿기만 하면 됩니다.”

선교의 이 기쁜 소식이 열방에 전해지길 소망합니다. 주의 나라가 나의 삶과 가정, 일터 그리고 이 나라와 민족과 열방 가운데 임하길 간구합니다. 주님 앞에 날마다 회개의 기도, 응답의 기도, 선교의 기도를 드리는 우리가 되기를 소망합니다.

4

하늘에서와 같이 땅에서도

주의 나라가 임하게 하시고
주의 뜻이 하늘에서와 같이 땅에서도 이루어지게 하소서.
– 마태복음 6장 10절 –

'하나님의 뜻'을 이루는 기도

우리는 기도가 인간의 자연적인 본성으로는 이루어질 수 없다는 것을 알고 있습니다. 기도에는 자연적 기도와 초자연적 기도가 있습니다. 자연적인 기도란 나의 뜻이 이루어지고 나의 이름이 높임을 받으며 나의 영광이 나타나기를 바라는 기도입니다. 모든 사람들의 본성에서 나오는 것이 자연적 기도입니다. 그

주여, 우리에게 기도를 가르쳐 주소서!

러나 초자연적 기도는 나의 뜻이 아닌 하나님 아버지의 뜻이 나를 통하여 이루어지기를 바라는 기도입니다.

진정한 기도는 우리의 자연적 본성에서는 나올 수 없습니다. 어떤 의미에서 기도생활은 어려운 것이 아니라 불가능한 것입니다. 성령님의 임재하심, 하나님의 임재하심이 없으면 우리는 기도할 수 없습니다.

그런 의미에서 타종교에서 말하는 기도와 성경에서 예수님이 말씀하신 기도는 근본적인 차이가 있습니다. 초월적인 존재를 향하여 간구하지 않는 것은 엄밀하게 말하면 자기 수양이지 기도로 성립되지는 않습니다. 기도라는 말을 붙인다면 그것은 자연적 기도, 자신의 본성에서 나오는 기도, 나를 더 넓히는 기도일 뿐입니다.

예수님이 가르쳐 주신 기도는 우리의 본성으로는 행할 수 없는 기도입니다. 이는 초자연적인 힘이 우리를 지탱해 주어야만 가능합니다. 그것은 아버지의 뜻이 이루어지는 기도입니다. 아버지의 나라가 이루어지고 아버지의 이름이 거룩히 여김을 받는 기도입니다. 이것은 우리의 유전자 속에 내재되어 있는 이기심, 그리고 나 중심적인 죄악의 본성으로는 도저히 이룰 수 없는 초자연적인 기도라고 말할 수 있습니다.

진정 아버지의 이름이 거룩히 여김을 받고 아버지의 나라가

하늘에서와 같이 땅에서도

이 땅에 이루어지기를 원한다면, 자연적으로 아버지의 뜻이 이루어지도록 기도할 수밖에 없습니다. 아버지의 이름이 거룩히 여김을 받고, 아버지의 나라가 임하며, 아버지의 뜻이 이 땅 위에 이루어지기를 기도하는 것은 모두 하나입니다. 삼위일체 하나님이 하나 된 것처럼 이 세 가지는 서로 뗄 수 없는 기도제목인 것입니다.

그러나 '하늘에서와 같이 땅에서도 이루어지게 하소서'(10절)는 하늘에서는 그 뜻이 이루어졌지만 땅에서는 아버지의 뜻을 거역하고 반역하는 영역, 그 뜻이 이루어지지 않은 영역이 있다는 것을 전제로 하는 것입니다. '아버지의 나라가 임하소서. 아버지의 나라가 임하게 하소서'라고 기도하는 것은 하나님의 다스림을 거부하는 세력이 이 땅에 있다는 것입니다. 그리고 내 안에도 아버지의 뜻이 이뤄지기를 거부하는 세력이 있다는 것입니다. 그러므로 이 기도는 아주 소중합니다. 우리 인생의 목적은 하나님의 뜻이 우리의 삶 속에서 이루어지는 것입니다.

하나님의 섭리를 믿고 의지하라

인생을 바라보는 여러 가지 시각이 있습니다. 첫째는 세상 사람들이 많이 받아들이는 것처럼 운명론적인 시각입니다. 둘째

주여, 우리에게 기도를 가르쳐 주소서!

는 정반대로 자신의 선택에 따라 인생이 결정된다고 굳게 믿는 시각입니다. 우리가 인생에서 받아들여야 할 가장 아름다운 기도의 모델은 무엇입니까? 그것은 바로 '하나님의 섭리'를 받아들이는 것입니다. 하나님의 섭리에 따라 살아가는 것입니다. 하나님의 섭리를 깨닫기 위해서는 하나님의 뜻 안에 우리를 향한 결정적인 뜻이 분명히 있다는 것을 믿어야 합니다.

하나님은 우리 개개인의 인생을 향한 궁극적인 뜻을 가지고 계십니다. 하나님 안에는 변하지 않는 뜻, 결정적인 뜻이 있습니다. 하나님의 예정적인 뜻이 있는 것입니다. 그러나 하나님의 결정적인 그 뜻은 우리의 삶이나 선택에 상관없이 이루어지는 것은 아닙니다.

한 돛단배가 어떤 목적지를 향하여 운행을 하고 있다고 가정해 보십시오. 목적지는 결정되어 있습니다. 그런데 바람이 어떻게 부느냐, 선장이 배의 키를 어떻게 움직이느냐에 따라서 그 항로는 바뀔 수 있습니다. 이처럼 우리가 어떠한 결정과 선택을 하느냐에 따라 하나님이 우리의 삶을 다르게 운행하실 수 있다는 것입니다. 이것이 바로 하나님의 섭리입니다.

우리가 이해할 수 없는 상황, 받아들일 수 없는 문제, 내 눈에는 불행처럼 보이는 사건 등 그 모든 것을 통해서 하나님은 하나님의 뜻을 이루어 가십니다. 그러므로 우리는 하나님의 섭리

하늘에서와 같이 땅에서도

를 믿고 의지해야 합니다. 인간이 아무리 계획하고 아무리 노력하고 아무리 자신의 지혜로 움직이려고 해도 움직여지지 않는 하나님의 뜻이 있으며, 우리의 선택과 기도와 간구에 따라서 하나님이 움직여 주시는 뜻이 있습니다. 이것이 바로 놀라운 '기도의 세계'입니다. 하나님은 우리가 기도할 때 하나님의 뜻을 움직여 주시는 분입니다.

하나님의 뜻을 분별하는 한 가지 절대적인 방법이 있다고 주장해서는 안 됩니다. 하나님은 모든 것을 통해 우리의 삶을 인도하시고 하나님의 뜻이 우리 가운데 이루어지도록 역사하십니다. 하나님은 우리 각자에게 말씀하시고 각자에게 하나님의 뜻을 가르쳐 주시며, 인격적인 선택을 통해서 하나님의 뜻을 이루어 나가기를 원하시기 때문입니다.

우리가 기도할 때 하나님은 하나님의 뜻을 움직이십니다. 부족하더라도 현재 우리가 하나님의 뜻이라고 분별하고 있는 것에 순종하는 것이 필요합니다. 그것을 통해서 우리가 하나님의 뜻을 깊이 알아 가고 하나님이 우리의 인생에서 하나님의 뜻을 이루어 가는 데 우리가 쓰임 받고 있다는 것을 체험할 때, 하나님의 뜻이 더 분명하게 나타나는 것입니다.

하나님의 뜻을 이루는 '통로'

"우리 하나님께서는 하늘에 계셔서 무엇이든 기뻐하시는 일을 하지 않으셨습니까!"(시 115:3)

하나님은 전지전능하신 분입니다. 그러나 하나님은 하나님의 뜻을 깨닫고 순종하는 사람들을 통해서 일하는 것을 더 기뻐하시는 분입니다. 그러므로 우리는 하나님이 하나님의 뜻을 이루시도록 돕는 것이 아니라 하나님이 우리를 통하여 일하시기를 원해야 합니다.

우리는 우리 각자가 하나님의 일을 하고 있다고 생각합니다. 그러나 사실은 우리가 하나님의 일을 하는 것이 아닙니다. 우리는 하나님의 일을 한다고 생각하고 내가 하나님의 뜻을 이루어 간다고 생각하기 쉽지만, 그러한 생각 속에는 무서운 독이 숨어 있습니다. 우리가 하나님의 뜻을 이루었다는 자만과 교만을 하나님은 용납하시지 않습니다.

하나님의 뜻에 사용되려면 어떠한 태도를 가져야 할까요? 그것은 하나님이 나와 우리 교회를 통해서 일하셨고, 우리는 그저 하나님의 뜻을 이루는 '통로'로 쓰임 받고 있다는 사실을 아는 것입니다. 결코 우리가 하나님의 일을 도와드린 것이 아닙니다.

필요한 양식을 내려 주시고

때로는 하나님의 뜻이 이해되지 않고 받아들이기 힘든 일로 다가올 때가 있습니다. 그러나 하나님의 뜻이 이해되지 않고 오해와 어려움이 있을지라도 그 말씀에 순종하겠다고 결정하는 것이 바로 '아멘'입니다.

순종의 기도를 드리십시오

하나님의 뜻은 모든 사람이 구원에 이르는 것입니다. 어떠한 상황에서라도 분명하게 나타나는 하나님의 뜻에 순종하십시오. 그러면 하나님의 뜻이 이루어질 것입니다. 어떠한 상황 속에서도 성도로서 거룩함을 지키고 기뻐하시기 바랍니다. 기도하고 범사에 감사하십시오. 우리가 불평하지 않고 하나님께 감사함으로 순종할 때 하나님의 궁극적인 뜻이 우리를 통해 이루어지는 것입니다.

그러므로 '주의 뜻이 하늘에서와 같이 땅에서도 이루어지게 하소서'라고 기도하는 것은 어떠한 상황 속에서도 우리가 하나님의 뜻에 순종하겠다는 '결단의 기도'인 것입니다. 날마다 이 기도를 드릴 때 하나님의 뜻이 우리를 통해서 아름답게 이루어질 줄로 믿습니다.

하나님께 내 편이 되어 달라고 기도하지 마십시오. 우리가

하나님의 편이 되어야 합니다. 하나님의 편이 되어 하나님의 뜻
이 우리를 통해 이루어지기를 간절히 기도하는 크리스천이 되기
를 소망합니다.

필요한 양식을 내려 주시고

5
필요한 양식을 내려 주시고

오늘 우리에게 꼭 필요한 양식을 내려 주시고.

－ 마태복음 6장 11절 －

내가 일으킨 불은 쉽게 꺼지지만 하나님의 불은 꺼지지 않습니다. 하나님은 성막, 성전에 불이 꺼지지 않게 하라고 제사장들에게 명령하셨습니다. 모세는 40세 때 자신의 불로 이스라엘 백성을 구원하고자 했습니다. 그러나 그 불은 살인이라는 결과를 낳았습니다. 그 불은 그렇게 잠깐 타올랐다 꺼져 버렸습니다. 그런데 하나님이 불타는 떨기나무 아래에서 모세를 부르셨을 때는 불이 붙었지만 타지 않는 나무처럼 모세를 사용하셨습니다.

우리의 열정은 얼마나 쉽게 소진되어 버립니까? 그래서 흔히 사역을 하다 지쳤을 때 번 아웃(Burn out) 되었다고 표현합니다. 우리의 불은 번 아웃 됩니다. 우리의 불은 우리의 지식과 에너지를 태워 버리고 소멸시킵니다. 그러나 하나님의 불은 우리를 계속 타오르게 합니다. 불이 붙었으나 타지 않는 것이 바로 우리를 향한 하나님의 비전입니다. 모세는 120세에 하나님의 부름을 받았습니다. 그때까지 모세의 눈은 흐려지지 않았습니다. 우리에게도 하나님의 불이 임해야 합니다. 우리의 목적은 소진되지 않는 하나님의 불을 받는 것입니다.

매일의 양식을 위한 기도

주기도문은 모든 것을 담고 있습니다. 마치 빛은 하나지만 그 빛을 여과시키면 일곱 개의 스펙트럼이 나타나는 것처럼 주기도문은 여러 가지 간구로 나누어지지만 우리 삶의 모든 것을 포함합니다. 또한 주기도문은 어디에서나 들을 수 있는 기도입니다. 한 생명이 태어났을 때, 죽음 앞에 섰을 때, 결혼식 때에도 주기도문으로 함께 기도할 수 있습니다.

주기도문 앞부분의 세 가지 기도제목은 주님의 영광을 위한 것이었습니다. 그리고 이제 그 기도제목은 우리 삶의 필요한 부분으로 옮겨집니다. 첫 번째는 매일의 양식을 위한 기도입니다.

예수님은 인간의 작은 소망과 갈망, 문제, 필요, 아픔 등을 다 알고 계십니다. 그래서 예수님은 공생애 기간에 설교하고 영적인 교훈을 가르쳐 주시는 것만 하시지 않았습니다. 예수님은 인간의 문제와 필요도 채워 주셨습니다. 우는 자와 함께 울어 주시고, 오병이어의 기적을 통해 우리의 배고픔을 해결해 주셨으며, 잔칫집에 부족한 포도주를 채워 주셨습니다. 우리 삶의 필요를 채워 주신 주님이 우리에게 매일의 양식을 위해 기도하라고 하신 것은 이것이 매우 중요한 기도제목이라는 의미입니다.

일용할 양식을 위한 기도, 죄의 용서를 위한 기도, 시험에 빠지지 않고 악에서 보호해 달라는 기도는 우리의 모든 삶을 포괄하는 기도입니다. 어떤 신학자는 이것을 삼위일체 하나님과 연결하기도 했습니다. 일용할 양식을 위한 기도는 우리의 생명을 보호하시는 성부 하나님에 대한 기도로, 죄의 용서를 위한 기도는 십자가를 통해 우리의 죄를 대속하신 예수 그리스도 성자 하나님에 대한 기도로, 시험에 빠지지 않고 악에서 보호해 달라는 기도는 우리와 동행하시고 날마다 거룩한 삶으로 인도하시는 성령 하나님에 대한 기도로 해석했습니다.

하나님은 인간의 육체적인 필요를 무시하시는 분이 아닙니다. 우리는 '여호와 이레'라는 말을 사용합니다. 이는 히브리어

주여, 우리에게 기도를 가르쳐 주소서!

로 '보고 계시다'는 뜻입니다. 하나님이 보고 계시다는 것은 우리에게 무엇이 필요한지를 보고 계시다는 것입니다. 그리고 그것을 채워 주시는 하나님이시라는 것입니다. 하나님은 우리를 보고 계시며 우리의 필요를 채워 주시는 분이기 때문에 언제나 앞서 가십니다. 하나님은 미리 보고 계시며 앞서 채워 주십니다.

모든 필요를 채우시는 하나님

여자는 결혼 후에 자녀를 낳으면 여인의 마음에서 어머니의 마음으로 변화됩니다. 한 생명에게 필요한 것은 따뜻한 어머니의 마음입니다. 한 생명을 지키기 위해 필요한 어머니의 품은 미리 앞서서 공급하시는 하나님과 같습니다. 아침에 우리가 잠에서 깨면 하나님은 우리를 위해 미리 해를 준비시키십니다. 그래서 우리의 하루는 아침이 아닌 저녁부터 시작됩니다. 하루는 우리가 시작하는 것이 아닙니다. 하나님이 시작하시는 하루에 우리가 참여하는 것입니다. 하나님은 우리가 안식할 때 미리 하루를 시작하십니다. 우리의 인생은 하나님이 먼저 시작하신 인생을 뒤따르는 것입니다. 그래서 우리의 인생은 능동태가 아닌 수동태 인생입니다. 빌립보서 4장에는 우리의 모든 필요를 채워 주시는 하나님에 대해 나옵니다.

필요한 양식을 내려 주시고

"내 하나님께서 그리스도 예수 안에서 영광 가운데 그분의 풍성하심을 따라 여러분의 모든 필요를 채워 주실 것입니다"(빌 4:19).

필요와 욕심은 분명히 다릅니다. 하나님은 우리에게 필요를 채워 주겠다고 약속하셨습니다. 우리에게 필요인지 욕심인지 분별하는 지혜가 필요합니다.

이스라엘 백성들이 광야를 지날 때 먹을 양식이 가장 절실히 필요했습니다. 그때 하나님은 만나와 메추라기를 통해 배고픔을 채워 주셨습니다. 하늘에서 만나가 떨어질 때 백성들은 "도대체 이것이 무엇인가?" 하고 놀랐습니다. 그 질문 그대로 그 양식의 이름은 만나가 되었습니다. '만나'는 '이것이 무엇이냐?'는 뜻입니다. 만나에는 법칙이 있습니다. 바로 '매일 내린다'는 것입니다. 그러나 안식할 때는 이틀 분의 만나가 내립니다. 하나님은 우리가 내일의 양식, 모레의 양식을 미리 거두지 못하도록 하셨습니다. 매일 하나님을 의지하도록 만드신 것입니다. 풍성한 양식이 있으면 우리는 하나님을 의지하지 않습니다. 쌓아 놓은 재물을 의지하기 쉽습니다. 하나님은 우리가 매일 하나님을 의지함으로 살아간다고 믿음의 고백을 하기 원하십니다.

우리는 오늘의 신앙으로 살아가야 합니다. 우리를 진정 배부르게 하는 것은 하나님이 매일 주시는 양식으로 살아가겠다고 고백하는 신앙입니다. 풍족한 양식을 의지하며 살아가는 영혼은 하나님과의 관계가 깊어질 수 없습니다. 매일 하나님의 공급을 체험하며 살아가는 것이 우리를 배부르게 만듭니다. 날마다 그러한 배부름을 경험하기를 바랍니다.

긍휼의 기도를 드리십시오

조지 뮬러는 고아원을 운영하며 매일 2천 명의 고아를 먹였습니다. 그에게 가장 절실했던 기도는 '오늘 우리에게 필요한 양식을 주옵소서'였습니다. 어느 날 고아원에 먹을 양식이 떨어졌습니다. 그는 모든 아이들을 테이블에 앉히고 방으로 들어가 기도했습니다. "주님, 오늘 우리에게 필요한 양식을 주옵소서." 그때 놀라운 일이 일어났습니다. 근처 식당에서 큰 행사가 취소된 것입니다. 그 식당은 수많은 음식들을 처리할 수가 없어서 고아원으로 그 음식을 보냈습니다. 조지 뮬러의 삶은 그러한 기적과 응답이 가득 찬 삶이었습니다.

우리는 나와 우리 가정의 필요한 양식만을 구하는 것이 아니라 세계 곳곳의 굶주린 사람들을 위해서도 기도해야 합니다. 모든 크리스천들이 세계의 굶주린 모든 이들을 먹여 살리는 긍휼의 기도를 날마다 드릴 수 있게 되기를 바랍니다.

　　이해인 수녀님의 시 한편을 소개하고자 합니다. 제목은 '가난
한 새의 기도'입니다.

　　　꼭 필요한 만큼만 먹고

　　　필요한 만큼만 둥지를 틀며

　　　욕심을 부리지 않는 새처럼

　　　당신의 하늘을 날게 해 주십시오.

　　　가진 것 없어도

　　　맑고 밝은 웃음으로

　　　기쁨의 깃을 치며

　　　오늘을 살게 해 주십시오.

　　　예측할 수 없는 위험을 무릅쓰고

　　　먼 길을 떠나는 철새의 당당함으로

　　　텅 빈 하늘을 나는

　　　고독과 자유를 맛보게 해 주십시오.

　　　오직 사랑 하나로

주여, 우리에게 기도를 가르쳐 주소서!

눈물 속에도 기쁨이 넘쳐 날

서원의 삶에

햇살로 넘쳐 오는 축복.

나의 선택은

가난을 위한 가난이 아니라

사랑을 위한 가난이기에

모든 것 버리고도

넉넉할 수 있음이니

내 삶의 하늘에 떠다니는

흰 구름의 평화여

날마다 새가 되어

새로이 떠나려는 내게

더 이상

무게가 주는 슬픔은 없습니다.

이러한 마음으로 날마다 필요한 양식을 위해 기도하는 우리
가 되기를 원합니다.

용서한 것같이 용서해 주소서

우리가 우리에게 죄지은 자를 용서한 것같이
우리 죄도 용서해 주소서.
– 마태복음 6장 12절 –

용서의 관계

예수님은 우리의 필요를 구하는 기도제목을 주셨습니다. 한 가지는 일용할 양식을 구하는 것입니다. 다른 한 가지는 우리 죄에 대한 용서를 구하고 시험에 빠지지 않고 악에서 구원받기를 구하는 것입니다. 육신의 필요를 위해서는 '일용할 양식을 구하라'는 한 가지 기도제목을 주셨지만, 영혼과 마음을 위해서는 두 가지 기도제목을 주셨습니다. 그러므로 우리는 육신의 필요보다는 영혼과 마음을 위해 두 배로 기도해야 합니다.

'죄도 지어 봐야 용서받는 것 아닌가'라고 생각하는 사람들이 있습니다. 그러나 우리는 태어날 때부터 죄인이기 때문에 남을 용서하고, 남에게 용서받는 것만 남아 있습니다. 우리는 '우리가 누군가를 용서한다는 것'이 하나님과 우리 가운데 있는 용서의 관계에서 어떤 영향을 미치는지를 분명하게 알아야 합니다. 성경에서는 용서를 쉽게 이해하기 위해 빚이라는 단어로 설명했습니다. 죄를 왜 빚이라는 개념으로 바꾸어 설명했을까요? 빚은 처리되지 않으면 계속 남아 있는 것이기 때문입니다. 그리고 빚에는 내가 감당해야 할 책임이 계속 따라다니기 때문입니다. 빚을 갚지 않으면 대가가 따릅니다. 죄도 마찬가지입니다. 죄를 해결하지 않으면 여전히 남아 있게 됩니다.

> "우리가 우리에게 죄지은 자를 용서한 것같이 우리의 죄도 용서해 주소서"(마 6:12).

어떻게 보면 이 말씀은 앞뒤가 바뀐 것 같아 보입니다. '하나님이 우리의 죄를 용서해 주신 것같이 우리도 다른 사람을 용서하게 하소서'라고 말하면 맞는 것 같습니다. 그런데 분명히 순서

용서한 것같이 용서해 주소서

가 정반대입니다. '우리'로부터 시작합니다.

그래서 우리는 '우리가 우리에게 죄지은 자를 용서한 것같이 우리의 죄를 용서하소서'라고 기도할 때 항상 어려운 마음이 듭니다. 이렇게 용서는 우리의 믿음과 마음 그리고 삶에 있어 아주 중요한 문제입니다.

하나님의 자녀가 되기 위한 용서

12절에 '우리가 우리에게 죄 지은 자를 용서한 것같이'의 의미를 해석하는 문법적인 키가 나옵니다. 그것은 '~같이'라는 단어입니다. 이것은 '그와 동시에'라는 것을 뜻합니다.

왜 하나님의 용서에 이런 서약의 기도가 덧붙여지는 것일까요? 이 문제를 해결하기 위해서 우리는 용서의 종류를 알아야합니다. 용서의 종류에는 하나님의 자녀가 되기 위한 용서, 하나님과 친밀감을 누리기 위한 용서가 있습니다. 하나님의 자녀가 되기 위한 용서는 십자가의 사랑을 의지하고 믿으면 받을 수 있는 용서, 즉각적인 용서입니다. 하나님은 이미 그리스도 안에서 우리를 용서하고 기다리고 계시기 때문에 우리가 이 용서를 받을 수 있습니다. 하나님 앞으로 가면 즉각적인 용서, 무조건적인 용서가 주어집니다. 다른 사람에 대한 미움이 가득할지라도 예

수 그리스도의 십자가를 의지하고 나아가면 하나님 자녀로서의
용서, 십자가의 용서가 이루어지는 것입니다.

하나님과 친밀감을 누리는 용서

마태복음 6장 12절 말씀에 나와 있는 용서는 하나님의 자녀
가 되는 용서를 말하는 것이 아닙니다. 하나님과의 친밀함을 누
리는 용서, 하나님과의 관계를 더 깊게 만드는 용서를 의미하고
있습니다.

> "너희가 너희에게 죄지은 사람을 용서하면 하늘에 계신 너
> 희 아버지께서도 너희를 용서할 것이다. 그러나 너희가 남
> 의 죄를 용서하지 않으면 너희 아버지께서도 너희 죄를 용
> 서하지 않으실 것이다"(마 6:14~15)

이 말씀에서 하나님은 분명히 조건부로 말씀하셨습니다. 하
나님의 자녀로서 하나님 아버지와 친밀감을 나누는 회복의 용서
는 바로 조건적인 용서입니다. 우리는 하나님의 자녀가 되었습
니다. 그러므로 무조건적인 용서를 체험했습니다. 그러나 그 마
음속에 여전히 다른 사람에 대한 미움을 품고 용서를 하지 못한

용서한 것같이 용서해 주소서

다면 아무리 '아바 아버지'라 부르며 기도할지라도 하나님과 나눌 수 있는 친밀함의 풍성한 축복, 아름다운 기도 응답의 역사를 이룰 수 없습니다. 아버지께서 우리를 용서하기 싫어서가 아닙니다. 그 친밀함의 축복을 함께 나누고 싶지만 우리가 아직 용서하지 않는 마음을 품고 있기 때문에 보류하시는 것입니다.

이처럼 하나님의 자녀가 되는 용서는 무조건적이지만 하나님과의 친밀함을 나누는 용서는 조건적인 것입니다. 그러므로 '너희가 다른 사람의 죄를 용서하지 않으면 나도 너희 죄를 용서하지 않을 것이다'는 말씀을 통해 '우리가 우리에게 죄지은 자를 용서한 것같이 그와 동시에 아버지께서도 나의 허물을 용서하심으로써 아버지와의 친밀한 관계를 유지시켜 주시옵소서'라는 기도를 주님 앞에 올려 드려야 합니다. 우리는 매일매일 다른 사람을 용서함으로 하나님 아버지와의 관계를 유지하는 용서를 체험해야 합니다. 하나님은 이미 우리를 용서하셨습니다. 그런데 우리가 아버지의 용서를 누리고 체험하지 못하는 이유는 우리 마음 가운데 다른 사람들을 용서하지 못하는 마음을 가득 채우고 있기 때문입니다. 그것이 바로 하나님의 기도 응답을 가로막는 장애물이 됩니다.

결단의 용서와 감정의 용서

용서에는 결단의 용서와 감정의 용서가 있습니다. 결단의 용서는 내가 용서하기로 결단하는 것입니다. 그러나 이 용서는 감정으로는 용서되지 않은 상태일 때가 많습니다. 대부분 내가 용서하기로 결단했지만 감정적으로 용서하지 못한 경우가 많습니다. 그렇기 때문에 우리는 결단의 용서와 감정의 용서를 구분할 수 있어야 합니다.

만약 어떤 사람이 결단하는 용서를 했다면 하나님이 그 사람의 중심을 보시고 용서했다고 생각합니다. 내가 용서해야 할 대상이 회개하고 서로 좋은 마음으로 화해했으면 그보다 더 좋은 게 어디 있겠습니까? 그러나 용서는 상대방의 변화와 상관없이 내가 할 수 있을 때 이루어지는 것입니다. 상대방이 변회되지 않고, 뉘우치지 않고, 회개하지 않더라도 나로부터 내 자체가 할 수 있는 것이 바로 용서입니다.

용서의 목표는 화해입니다. 그러나 화해까지는 이르지 못했을지라도 예수님은 용서의 단계를 말씀하십니다. 용서의 단계는 감정이 화해의 감정까지는 도달하지 못했을지라도 우리의 중심에서 남을 용서하겠다는 것입니다. 그렇게 할 때 하나님이 우리를 회복시켜 주실 것입니다.

하나님의 용서 = 남을 용서하는 것

예수님은 남을 용서하는 것과 하나님께 용서받는 것이 연결되어 있다고 말씀하십니다. 진정 남을 용서한 사람은 하나님께 용서받을 수 있습니다. 만약 결단의 용서도 할 수 없는 사람이라면 그 사람은 하나님의 용서를 체험하지 못한 사람입니다. 무조건적인 용서를 하지 못하는 사람이 있다면 하나님이 무조건적으로 우리의 죄를 용서하셨다는 사실을 믿지 않았기 때문입니다. 이처럼 무조건적인 용서를 믿지 못하는 사람은 다른 사람을 정죄하게 됩니다. 자기가 받은 대로 주게 됩니다.

하나님 아버지의 용서는 조건적인 용서가 아닙니다. 우리가 회개했기 때문에 우리를 용서하신 것이 아닙니다. 하나님은 이미 우리를 용서하고 기다리고 계십니다. 이것이 복음입니다. 십자가에 나타난 무조건적인 하나님의 용서와 사랑을 믿지 않으면 다른 사람과의 관계에서 용서가 일어날 수 없습니다. 하나님이 우리에게 남을 용서하라고 말씀하신 것은 우리 모두를 위해서이기도 하지만 궁극적으로는 우리 자신을 위해서입니다. 용서하는 것은 고통스럽지만 용서하지 않는 것이 더 고통스러운 것입니다. 우리가 용서의 결단을 내릴 때 자유와 행복, 하나님과 나누는 친밀한 관계의 축복을 누릴 수 있게 됩니다.

남을 용서하기 위해서는 우리의 자존심, 이기심과 싸워야 합니다. 이기심은 누룩과 같습니다. 내가 10개의 상처를 받았으면 100개의 상처를 받은 것처럼 부풀립니다. 자기의 상처를 만들어 냅니다. 이기심, 자존심, 용서받지 못하는 마음이 하나가 될 때 우리의 마음은 복잡하게 되고 하나님과의 친밀한 관계를 방해하게 됩니다.

우리는 이미 십자가를 통해 용서를 받았습니다. 그러므로 매일매일 남을 용서함으로써 용서를 체험할 수 있습니다. 이렇게 용서할 때 용서의 사이클이 돌아가게 됩니다.

우리를 사로잡고 있는 죄악의 사이클을 사랑의 사이클, 하나님의 은혜의 사이클로 변화시켜야 합니다. 주변에 이해할 수 없는 사람, 용서할 수 없는 사람을 용서해야 하는 이유는 하나님이 우리를 용서했기 때문입니다. '우리가 우리에게 죄시은 자를 용서한 것같이 우리의 죄도 용서해 주소서'라는 이 기도를 날마다 드림으로 하나님이 예비하신 축복을 누리기를 바랍니다.

7

우리를 시험에 들지 않게 하시고

'우리가 우리에게 죄지은 자를 용서한 것같이 우리 죄를 용서하소서'라는 기도가 과거의 죄 문제를 위한 기도였다면 '우리를 시험에 들지 않게 하시고'는 미래의 문제에 대한 기도입니다. 이 기도를 드리는 것은 마치 전쟁에 참여하는 것과 같습니다. 이 기도는 하나님의 자녀가 아니라면 할 수 없는 기도입니다. 이 세상이 얼마나 무섭고, 사탄의 큰 영향 안에 있는지를 깨닫는 사람만이 드릴 수 있습니다.

주여, 우리에게 기도를 가르쳐 주소서!

'시험에 들지 않게 하시고'라고 기도하는 이유

믿음생활은 한가로운 여행이 아닙니다. 전쟁에 참여하는 것과 같습니다. 구원받은 백성으로 이 세상을 살아간다는 것은 전쟁에 참여한 군사로 살아가는 것과 같습니다. 존 번연이 쓴 『천로역정』은 한가로운 여행이 아니라 전쟁터에서 끊임없이 다가오는 시험과 사탄의 공격을 어떻게 방어하고 공격해 승리할 수 있는지를 보여 줍니다. 기도는 위기의식을 불러일으킵니다. 이 세상은 정상이 아닙니다. 크게 잘못되어 있습니다. 이것을 깨닫는 사람만이 이 기도를 드릴 수 있습니다. 우리는 세상을 살아가면서 때로는 많은 상처를 받고 시험에 빠집니다. 내가 믿고 좋아했던 사람들로부터 상처를 받습니다. 그리고 실망합니다. 그러나 실망하지 마십시오. 오히려 절망해야 합니다. 이 세상을 보면서 절망해야만 영적으로 승리를 거둘 수 있습니다. 우리가 영적 생활에서 실패하는 이유는 이 세상에 미련과 소망을 두기 때문입니다.

'시험에 들지 않게 하시고'라는 기도를 드리는 이유는 우리가 온갖 시험에 빠져 있기 때문입니다. 우리는 악한 세력에 휩싸여 있습니다. 근신하여 깨어 정신 차리고 이 기도를 날마다 드리지 않으면 우리는 시험에 빠질 수밖에 없습니다.

61

옷이 깨끗하면 작은 흠도 금방 티가 납니다. 그러나 옷 전체가 이미 더럽혀져 있으면 아무리 오물이 많이 묻어도 티가 나지 않습니다. 오늘날 이 시대의 교회를 보면 너무나 많은 오물이 묻어 있어서 웬만한 흠은 전혀 티가 나지 않습니다. 그렇기 때문에 하나님은 사도행전적 교회와 같은 새로운 교회의 역사가 시작되기를 기다리고 계십니다.

하나님의 자녀만이 할 수 있는 위대한 기도

하나님이 새로운 시대와 역사를 시작하실 때는 보다 엄격한 기준을 적용하십니다. 예수님을 믿기 전에는 아무 일도 일어나지 않고 잘됐는데, 예수님을 믿고 나서부터 뭔가 안 되기 시작했다면 이는 하나님이 엄격한 기준으로 들여다보기 시작했다는 것을 의미합니다. 하나님이 엄격한 기준으로 행하신다는 것은 하나님이 우리와 함께하신다는 증거입니다.

사탄은 믿는 자들을 넘어뜨리기 위해서 우리보다 먼저 예배당, 주차장에 가 있습니다. 그리고 교회에서 시험에 빠지지 않도록 간절히 기도하는 성도를 공격합니다. 그러나 시험에 빠지지 않기 위해 영적 전쟁터 한복판에서 끊임없이 기도하는 사람은 넘어지고 상처입고 고난의 시간을 보낼지라도 영원한 생명, 사랑, 행복을 누리는 진정한 삶을 살게 될 것입니다. 내 손이 범죄했을 때 그것이 삐게 되는 것을 감사하십시오. 우리가 잘못하고 벌을 받는 것을 감사해야 합니다. 하나님은 그것을 통해서 우리가 더 큰 시험에 빠지지 않게 되기를 원하십니다. 잘못한 행동에 대해 벌 받는 것을 두려워하지 마십시오. '시험에 들지 않게 하소서'는 하나님을 대적하는 이 세상의 악한 세력들을 대항하면서 하나님 편에 서기를 결단하는 기도입니다. 그러므로 이 기도는 하나님의 자녀만이 행할 수 있는 위대한 기도인 것입니다.

시험의 두 가지 의미, '유혹과 시련'

'시험에 들지 않게 하시고'에서 시험은 두 가지 의미를 가지고 있습니다. 유혹과 시련입니다. 유혹은 사탄이 가져오는 것이고 시련은 하나님이 주신 것입니다. 유혹은 우리를 하늘에서 땅으로 떨어뜨리려는 것이고, 시험은 땅에 있는 우리를 하늘로 끌어올리려는 것입니다. 만약 우리가 유혹에 빠지면 멸망에 이르게 되고, 시련을 통과하면 유익을 얻게 됩니다. 시험을 통과한다는 것은 우리가 거룩하고 순결하게 되기 위함입니다.

"내 형제들이여, 여러 가지 시험을 만나거든 온전히 기쁘게

63

여기십시오. 여러분이 알다시피 여러분의 믿음의 연단은 인내를 이룹니다. 인내를 온전히 이루십시오. 그러면 여러분이 온전하고 성숙하게 돼 아무것에도 부족한 것이 없게 될 것입니다"(약 1:2~4).

우리가 온전히 기쁘게 여길 시험은 하나님이 주시는 믿음의 시련입니다. 믿음의 시련이 오면 무조건 기뻐해야 합니다. 하나님은 우리에게 시련을 주십니다. 그러나 주기도문에서 말하는 '시험에 들지 않게 하시고'라는 말의 의미는 시련이 아니라 유혹입니다. 이것은 뒤에 나오는 '악에서 구하소서'와 연결이 되어 있기 때문에 '유혹'으로 구분됩니다. 유혹은 안으로부터 오는 유혹과 밖으로부터 오는 유혹이 있습니다. 안으로부터 오는 자기 욕심의 유혹과 밖으로부터 오는 사탄이 주는 미끼가 함께 연합해서 죄를 잉태합니다. 우리는 이 세상에서 끊임없이 유혹을 당하게 됩니다. 유혹으로부터 자유로운 사람은 아무도 없습니다.

유혹에 대한 잘못된 태도

유혹에 대한 잘못된 태도를 살펴보겠습니다. 첫째, 하나님이 나를 유혹한다고 말하는 것입니다. 성경에서는 '하나님이 나를

주여, 우리에게 기도를 가르쳐 주소서!

유혹한다고 말하지 말라'고 하셨습니다.

> "누구든지 시험을 당할 때 '내가 하나님께 시험을 받고 있다'라고 말하지 마십시오. 하나님은 악에게 시험을 받지도 않으시고 친히 누구를 시험하지도 않으십니다. 각 사람이 시험을 당하는 것은 자신의 욕심에 이끌려 유혹에 빠지기 때문입니다"(약 1:13~14).

여기에 나와 있는 시험은 유혹입니다. 하나님은 우리를 유혹하시는 분이 아닙니다.

둘째, 내가 감당할 수 없는 유혹이었다며 책임을 회피하는 것입니다. 하나님은 우리가 감당할 수 없는 시험은 허락하시지 않습니다.

> "여러분은 사람이 감당할 수 없는 시험을 당한 적이 없습니다. 하나님은 신실하셔서 여러분이 감당치 못할 시험은 허락하지 않으시며 시험을 당할 때도 피할 길을 마련해 주셔서 여러분이 능히 감당할 수 있게 하십니다"(고전 10:13).

셋째, '요즘 사람은 다 그렇다'고 생각하는 것입니다. 사람들

우리를 시험에 들지 않게 하시고

은 잘못된 것인 줄 알지만 모든 사람이 다 이렇게 하고 있다며 자신을 합리화시킵니다. 이것이 문화고 시대적 흐름이라고 생각하면서 일반화시킵니다. 그러나 이는 잘못된 태도입니다.

유혹의 극복 방안

그렇다면 어떻게 유혹을 극복할 수 있겠습니까? 첫째, 유혹에 따르는 대가를 기억해야 합니다. 유혹 속에는 반드시 거짓말이 있습니다. 유혹은 언제나 어떤 대가도 요구하지 않는 것처럼 우리에게 다가옵니다. 그러나 반드시 유혹은 사후에 대가를 지불하게 만듭니다. 진정한 기쁨은 항상 대가를 먼저 지불하지만 세상의 기쁨은 나중에 대가를 지불하게 됩니다. 진정한 기쁨을 추구하시기를 바랍니다.

둘째, '유혹의 갈등'에 대해 친구나 가족 등 누군가에게 말해야 합니다. 유혹에 빠져 있는 사실을 공개해야 합니다. 이것을 말할 수 있는 사람은 절대로 굴욕을 당하지 않습니다. 그러나 혼자 유혹과 씨름할 때 그 유혹에 넘어가게 됩니다.

셋째, 유혹하는 사탄을 대적해야 합니다. 말씀, 찬양, 기도로 대적하십시오. "사탄아, 물러가라"라고 선언하십시오.

넷째, 유혹으로부터 도망가야 합니다. 천천히 걸어 나온다는

주여, 우리에게 기도를 가르쳐 주소서!

것은 아직도 그 유혹에 아쉬움이 남아 있다는 것을 의미합니다. 방향을 잘 정하고 뛰어야 합니다.

다섯째, 성령의 능력으로 재충전해야 합니다. 유혹이 주는 힘은 엄청난 압력으로 다가옵니다. 이 세상의 유혹의 압력이 강해서 우리를 짓누를지라도 성령의 능력이 안과 밖에 가득 차 있으면 그 압력을 견딜 수 있습니다. 깊은 바닷속에 있는 물고기는 잠수함도 견디지 못하는 엄청난 압력을 견뎌 냅니다. 이는 하나님이 물고기 안에 외부의 압력과 동일한 내적 압력을 넣어 주셨기 때문입니다. 그래서 우리는 날마다 성령의 능력으로 충전해야 합니다. 우리가 '시험에 들지 않게 하소서'라는 기도를 포기하지 않을 때 성령의 능력으로 재충전될 수 있습니다.

우리의 심령이 성령의 능력으로 가득해서 어떠한 세상의 유혹에도 넘어지지 않고 승리할 수 있기를 바랍니다.

우리를 시험에 들지 않게 하시고

8

악에서 구하소서

이 말씀은 주기도문 가운데 마지막 간구입니다. '악에서 구하소서'라는 기도는 오늘날 우리가 살아가는 세상에서 얼마나 절박한 기도인지 모릅니다. 우리에게 익숙했던 모든 것이 악의 세력으로부터 왔다는 것을 깨닫지 않으면 이 기도를 할 수 없습니다. 악에서 구하소서, 이 기도를 끊임없이 함으로써 이 땅이 악의 세력이 아닌 '의'의 세력이 지배하는 땅이 되기를 기대합니다.

'악에서 구하소서'에서 지칭하는 악은 정확하게 말하면 악한

주여, 우리에게 기도를 가르쳐 주소서!

자를 의미합니다. 악한 자는 인격적 실체로 판단을 내리고 결정하고 움직일 수 있는, 즉 타락한 천사들에 의해서 세워진 악의 무리입니다. 그들은 움직이며 서로 연합하고 단결합니다. 어느 정도의 초월적인 능력을 가지고 있습니다. 주님은 우리에게 그 악한 세력으로부터 구원해 달라는 기도를 하라고 말씀해 주신 것입니다.

악은 왜 존재하는가

우리들의 힘만으로는 악의 세력을 무찌를 수 없습니다. 왜냐하면 이미 우리의 조상 아담과 하와 이후로 수많은 사람들이 악의 세력에 물들어 지배당하고 있기 때문입니다. 심지어 우리 자신도 그 악한 자에 의해 지배를 받고 있기 때문에 반드시 이 기도를 해야만 악의 세력으로부터 구원받을 수 있는 것입니다. 악한 자의 존재를 무시하고 인정하지 않고 살아가는 것은 어리석은 일입니다. 악의 실체는 존재합니다. 우리를 넘어뜨리고 역사를 악으로 끌고 가는 악의 축은 분명히 있습니다.

한편 모든 것을 지나치게 사탄과 연관시켜서 생각하는 것도 잘못된 일입니다. 선한 것이 무엇인지, 의로운 것이 무엇인지 분별하고 성령 안에 거하게 되면 우리는 악한 자를 능히 이길 수 있습니다.

미국의 조지 바나 연구소(기독교 설문조사 및 마케팅 전문 연구기관)에서 믿지 않는 사람들에게 "만일 당신이 하나님께 단 한 가지 질문을 할 수 있다면 당신은 어떤 질문을 하겠습니까"라는 흥미로운 질문을 던졌습니다. 가장 많은 답변은 '하나님이 계시다면 그리고 하나님이 선하시다면 왜 이 세상에 악이 존재하는가', '왜 세상에 고통이 존재하는가'였습니다.

만약 이 질문을 여러분에게 한다면 어떻게 대답하시겠습니까? 마음이 어려워질 것입니다. 쉽지 않은 질문입니다. 그러나 그 어떤 대답이라도 하나님을 믿지 않으려는 변명에 불과한 것입니다.

시편을 비롯해 성경 곳곳에서 하나님이 왜 악을 이대로 놔두시는가에 대한 간절한 호소들이 많이 나와 있습니다. 하나님 앞에 탄원하는 '탄원시'가 많습니다. 이 세상의 고통과 불의 속에서 절규하며 부르짖는 기도들이 많이 나와 있습니다. 하박국 선지자도 동일한 질문을 던졌습니다. "하나님 내가 부르짖어도 왜 듣지 않으십니까? 세상에 있는 악으로 말미암아 내가 외쳐도 왜 하나님은 구원하지 않으십니까? 어찌하여 제게 죄악을 보게 하시며 패역을 눈으로 보게 하십니까?"

주여, 우리에게 기도를 가르쳐 주소서!

악이 존재하는 이유

‘악이 왜 존재하는가’에 대해 다섯 가지 이유를 들어 살펴보고자 합니다. 첫째로 이 세상에 악과 고통이 존재하게 된 것은 하나님이 하신 일이 아닙니다. 하나님이 ‘악’을 만드신 것이 아닙니다. 인간이 악을 선택했기 때문에 우리에게 악이 존재하는 것입니다. 하나님은 악을 창조하신 분이 아니라 의로우신 분입니다. 스스로 인격적인 반역을 일으켜서 타락한 천사들에 의해서 불순종하게 된 인간들이 지금도 악을 선택하고 있기 때문에 이 땅에 악이 존재하는 것입니다.

그렇다면 하나님은 왜 인간들이 악을 선택하지 못하도록 막지 않으셨습니까? 그것은 마치 왜 인간을 기계로 만들지 않고 인격체로 만들었느냐고 질문하는 것과 같습니다. 먹지 못하도록 해 놓고 ‘먹지 말라’고 하는 것은 아무런 의미가 없습니다. 먹을 수도 있고, 먹지 않을 수도 있는 상황에서 먹지 않는 편을 선택함으로써 하나님은 영광을 받으시고, 인간의 인격은 성숙해 가는 것입니다. 아담과 하와는 완전한 존재가 아니었습니다. 그들은 하나님께 순종하는 훈련이 필요했습니다. 그 시험의 기간을 통해 성숙할 수 있었습니다. 그러나 하나님이 주신 인격으로 그들은 반역을 행했습니다. 그로 인해서 에덴동산 밖에서 태어나는 모든 이는 불순종의 영, 악한 세력에 의해서 조종 받는 존재가 되었습니다.

둘째, 인간의 불순종을 통해서 악이 우리 가운데 들어왔지만 하나님은 악을 '억제'하고 계십니다. 하나님이 악을 방조하고 있는 것처럼 보이지만 하나님이 악을 막지 않고 계셨다면 지구는 벌써 멸망했을 것입니다. 하나님이 조금이라도 그 보호의 손길, 보호의 장막을 거두신다면 이 세상은 아수라장이 될 것입니다. 하나님은 지금도 악을 막고 계십니다. 하나님은 우리를 지켜 주시는 분입니다.

셋째, 하나님은 악을 방치하지 않으시고 최종적으로 심판하실 것입니다. 하나님이 악을 제거할 날이 올 것입니다. 그날에 악에 속한 모든 영과 사람들은 지옥으로 떨어질 것입니다. 우리는 이미 지옥에 갈 운명이지만 그리스도를 믿음으로 구원을 받았습니다. 모든 인류가 하나님의 저주 가운데 있고 지옥으로 떨어질 운명이었지만 예수 그리스도를 통하여 우리가 '건짐'을 받은 것입니다.

넷째, 결론적으로 말하자면 하나님은 이 모든 악을 통해서도 '선'을 이루실 것입니다. 타락 이전에 아담과 하와가 하나님과 누렸던 관계와 하나님께 찬양을 올렸던 것보다 타락 이후에 그리스도와 그리스도의 십자가를 통해서 구원받은 하나님의 백성들이 하나님께 드리는 찬양과 경배가 훨씬 더 깊습니다. 타락이 꼭 필요했다는 것이 아닙니다. 인간은 타락했지만 하나님은 타락한 인간들을 그리스도의 십자가로 말미암아 타락하기 이전의 인간보다 훨씬 더 하나님께 영광 돌리는 백성들로 변화시키십니다. 하나님은 악을 선으로 바꾸시는 분입니다. 그러므로 하나님이 타락한 사탄을 바로 지옥불로 떨어뜨리시지 않은 것은 그 모든 사탄의 일들을 변화시켜 오히려 선으로 바꾸실 수 있는 분이기 때문입니다. 악을 선으로 바꾸시는 하나님의 역사는 지금도 일어나고 있습니다. 세상의 악보다 크신 분이 우리와 함께 계십니다.

마지막으로 하나님은 악에 속한 사람들이 구원받기까지 기다리시는 분입니다. 하나님께 악을 순간적으로 제거할 수 있는 능력이 없으신 것이 아닙니다. 만일 하나님이 한순간에 악을 제거하신다면, 그 악의 지배를 받고 악에 속한 많은 사람들은 어떻게 되겠습니까? 그들도 같이 멸망할 것입니다. 그러나 하나님은 멸망시키는 것을 기뻐하시는 분이 아니라 구원하기를 기뻐하시는 분입니다. 하나님은 악에 속해 있는 많은 영혼들이 그 악으로부터 구원받고 건짐을 받기를 원하고 계십니다. 하나님의 놀라운 계획 가운데 일하고 계신 것입니다. 하나님이 선을 이루고 계심을 우리는 믿어야 합니다.

악으로부터 승리한 우리들

사탄은 이미 패배한 존재입니다. 이미 승리는 우리의 것입니다. 그리스도 안에 있으면 그 어떤 사탄의 세력도 우리를 무너뜨릴 수 없습니다. 사탄은 정정당당하지 않습니다. 우리의 연약함을 공격합니다. 그래서 우리는 자신의 연약함이 무엇인지 잘 분별해야 합니다.

서로가 서로에게 사탄의 무기가 되지 않도록 경계할 수 있게 되기를 바랍니다. 사탄의 도구가 되지 않기를 바랍니다. 우리의 언어, 우리의 모든 삶이 거룩한 하나님의 공동체로 무장을 해야 합니다. 영적 전쟁에서 승리해야 합니다.

예수님도 사탄의 공격을 받아 세 가지 시험을 당하셨습니다. 사탄은 예수님이 광야에서 굶주렸을 때에 경제적 권력을 가지고 유혹했습니다. 그러나 예수님은 말씀으로 승리하셨습니다. 이를 통해 예수님은 아무리 굶주린 상황에서도 악에 속하지 않는 하나님 백성의 모습을 보여 주셨습니다. 다음으로 사탄이 성전 꼭대기에서 떨어져 보라고 예수님을 유혹했을 때, 예수님은 "하나님을 시험하지 말라"고 말씀하셨습니다. 이것은 영적인 권력에 대한 유혹이었습니다. 마지막으로 사탄은 예수님을 산으로 데려가 온 세상을 주겠다며 정치적 권력에 대한 시험을 합니다. 그러

주여, 우리에게 기도를 가르쳐 주소서!

나 예수님은 이 모든 유혹을 하나님의 말씀으로 거절하시고 시험에서 승리하셨습니다.

우리 가운데 이미 승리하신 '그리스도의 영'이 있습니다. 그러므로 우리는 모든 악한 자의 공격으로부터 승리하게 될 줄로 믿습니다. 이 세상에 사로잡히는 삶이 아니라 하나님 나라에 사로잡혀 살아가는 그리스도인이 되어야 합니다. 우리가 '악에서 구하소서'라는 이 기도를 할 때에, 우리 주변의 악에 속한 많은 사람들이 구원받게 될 줄로 믿습니다.

9

영원히 아버지께 있습니다

믿음을 통한 삶의 변화는 우리가 미처 느끼지 못하는 사이에 일어납니다. 거듭남도 마찬가지입니다. 내 안에 하나님의 씨앗과 생명이 주어지고 성령님이 들어오시면 기도가 터지고 말씀이 들리면서 진정한 삶의 변화가 일어납니다. 우리가 진정한 회개 기도를 드리기도 전에 이미 성령 안에서 거듭남을 경험하는 것입니다.

주여, 우리에게 기도를 가르쳐 주소서!

하나님과 친밀함을 나누는 '기도'

기도는 호흡입니다. 호흡은 반드시 들이마신 후에 내뱉습니다. 기도는 호흡이기 때문에 하나님의 은혜와 영이 먼저 내 안에 임해야 합니다. 기도는 내면에서 일어나는 반응입니다. 기도는 자연적인 것이 아니기 때문에 인간의 의지만으로는 할 수 없습니다. 기도를 의지로 한다는 것은 불가능합니다. 성령님이 내 안에 임하지 않으면 하나님을 '아버지'라고 부를 수 없습니다. 하나님이 우리에게 자녀가 될 기회를 주셨기 때문에 하나님을 아버지라고 부를 수 있습니다. 하나님을 아버지라고 부르는 것 자체가 큰 축복입니다. 우리를 창조하시고, 삶을 인도하시고, 필요를 공급하시고, 심판하시는 그 하나님이 우리의 아빠가 되셨습니다.

우리가 하는 기도의 목표가 바로 이것입니다. 하나님이 우리 아버지가 되셨기 때문에 모든 상처와 아픔이 한순간에 사라질 수 있습니다. 엄밀히 말해 신앙생활의 목표는 기도입니다. 기도가 수단이 아니라 목표가 될 때 온전한 기도를 할 수 있습니다. 예수님이 가르쳐 주신 기도로 인해 하나님과의 친밀함을 회복할 수 있습니다. 가장 먼저 회복되어야 하는 것이 바로 이것입니다.

우리는 익숙해지는 것과 친밀한 것을 구별할 줄 알아야 합니

영원히 아버지께 있습니다

다. 예배와 성경 읽기, 교회와 공동체에 익숙하지만 정작 하나님과의 친밀함이 없을 수 있습니다. 그런 사람은 하나님을 아버지라고 불러도 하늘의 능력을 경험하지 못합니다. 세상의 유혹을 이겨 내지 못하고 아버지의 뜻을 분별해 내지 못하는 것도 이같은 이유 때문입니다. 하나님을 아버지라고 부르는 익숙함에서 벗어나 하나님과 친밀한 관계를 맺어야 합니다. 예수님이 하나님과 하나 되신 것처럼 말입니다. 우리가 그리스도 안에 있고, 그리스도가 우리 안에 계시면 하나님과 하나 됨을 경험할 수 있습니다. 날마다 하나님과의 친밀함을 회복하고 하나 됨을 경험하는 성도들이 되기를 축원합니다.

하나님을 친근히 하라

"이 율법책이 네 입에서 떠나지 않게 하고 그것을 밤낮으로 묵상해 그 안에 기록된 모든 것을 지켜 행하여라. 그러면 네 길이 번창하고 성공하게 될 것이다"(수 1:8).

여호수아는 모세를 통해 하나님의 율법을 지키라는 명령을 받았습니다. 여호수아 23장과 24장을 보면 여호수아가 하나님의 명령대로 살고 난 후 고백한 말씀이 나오는데 바로 '너희는 여호와를 친근히 하라'는 것입니다. 여호수아의 명령은 모세의 명령에서 한 단계 더 깊이 나아간 명령입니다. 이 말씀은 하나님과 친밀하게 지내라는 것입니다. 벌 받을까 봐 하나님께 순종하는 것이 아니라 친밀한 관계 가운데에서 하나님을 사랑하는 마음으로 순종하라는 것입니다.

이렇듯 하나님과 친밀한 관계를 맺고 있는 사람들은 늘 하나님의 이름을 높이려는 소망을 갖고 있습니다. 그 소망은 하나님의 이름을 세상과 구별해 더렵혀지지 않길 바라는 마음입니다. 하나님의 이름이 거룩히 여김을 받도록 소망하시기를 바랍니다. 이것이 하나님의 참된 자녀입니다. 우리가 기도하는 이유도 하나님의 이름이 거룩히 여김을 받게 하기 위한 것입니다. 하나님의 이름이 거룩히 여김을 받도록 하는 기도를 하나님이 기뻐 받으시고 응답하십니다. 또한 하나님의 나라가 임하기를 간질히 기도해야 합니다. 하나님의 나라는 이미 우리에게 주어졌습니다. 예수님을 구주로 영접한 사람은 하나님 나라의 백성입니다. 하나님 나라의 백성으로 살기로 작정하면 모든 것이 열리고 편안해집니다. 그러나 세상에 소망을 두고 살면 실망하고 좌절하게 됩니다. 우리는 이 땅의 시민이 아니라 하나님 나라의 시민임을 기억하시기 바랍니다.

날마다 채워 주시는 하나님

예수님은 하나님의 영광뿐만 아니라 삶 속에서 필요한 것을 위해서도 기도하셨습니다. 우리도 마찬가지입니다. 날마다 영과 육의 양식을 위해서 기도해야 합니다. 하나님은 우리의 필요를 날마다 신실하게 채워 주십니다.

욕심은 채워지지 않지만 필요는 반드시 채워집니다. 그렇다면 가장 중요한 필요가 무엇일까요? 마음속에 있는 무거운 짐과 상처 그리고 용서하지 못한 것을 털어 버리고 하나님과 친밀한 관계를 형성하는 것입니다.

하나님이 기뻐하시는 거룩한 예배는 미움과 아픔, 상처와 용서하지 못한 것들을 털어 버리고 하나님과 친밀함을 나누는 것입니다. 또한 날마다 하나님의 용서를 체험하는 것입니다. 세상을 살아가다 보면 공격을 피해 보호받아야 할 때가 있습니다. 우리는 날마다 기도하지 않으면 살아갈 수 없는 연약한 존재입니다. 하나님의 보호를 간구하는 사람은 하나님의 보호를 받지만 자신의 힘으로 시험과 악을 이기려는 사람은 무너질 수밖에 없습니다. 인생은 악과의 전쟁입니다. 영어 단어 'evil'(악마)을 거꾸로 하면 'live'(살다)입니다. 산다는 것은 악을 이기는 것입니다.

기도의 시작은 '경배', 끝은 '찬양'

주기도문은 경배의 기도로 시작해 찬양의 기도로 마무리합니다.

"나라와 권세와 영광이 영원토록 아버지께 있습니다. 아멘"

(마 6:13)

경배의 기도는 개인의 기도제목과 상관없이 하나님의 이름을 거룩하게 높여 드리는 것입니다. 찬양은 하나님이 행하신 일을 높여 드리는 것입니다. 왜 찬양의 기도가 마지막에 나올까요? 하나님이 내 삶 속에서 행하시는 일로 아버지를 찬양하기 위함입니다. 우리의 간구보다 더 중요한 것은 경배와 찬양의 기도를 하는 것입니다. 기도가 찬양으로 끝나지 않으면 자기중심적으로 바뀌는 경우가 많습니다. 기도가 응답되는 이유는 '나라와 권세와 영광이 아버지의 것'이기 때문입니다. 하나님이 나의 기도에 응답하지 않아도 권세와 영광이 하나님의 것임을 고백하는 기도를 해야 합니다.

기도로 천국을 누리는 비결

"그러나 제가 누구기에, 제 백성들이 누구기에 이렇게 많은 것을 드릴 수 있게 하셨습니까? 모든 것은 주께로부터 나온 것이니 우리가 주의 손에서 받은 것을 드린 것일 뿐입니다. 우리는 우리 조상들처럼 주께서 보시기에 나그네며 잠깐 머무는 낯선 사람들입니다. 이 땅에서 사는 날은 그림자 같아서 희망이 없습니다. 우리 하나님 여호와여, 주의 거룩한 이름을 위해 성전을 지어 드리려고 준비한 이 모든 풍족한 것은 다 주의 손에서 나온 것이며 모든 것이 다 주의 것입니다"(대상 29:14~16).

이것은 다윗의 송영기도입니다. 이 기도는 삶의 모든 것을 하나님의 것으로 인정하는 사람들이 하는 기도입니다. 나라와 권세와 영광은 인간에게 속한 단어가 아닙니다. 모든 권세와 영광은 하나님의 것입니다. 예수님도 '나라와 권세와 영광이 영원토록 아버지께 있다'고 기도하셨습니다. 예수님의 목표는 하나님께 영광을 올려 드리는 것이었기 때문입니다.

"그들은 큰 소리로 말했습니다. '죽임을 당하신 어린 양은 능력과 부귀와 지혜와 힘과 존귀와 영광과 찬양을 받으시기에 합당하십니다.' 또 나는 하늘과 땅과 땅 아래와 바다에 있는 모든 피조물들과 그 안에 있는 모든 것들이 '보좌에 앉으신 분과 어린 양께 찬송과 존귀와 영광과 능력이 영원토록 있기를 빕니다'라고 하는 소리를 들었습니다"(계 5:12~13).

모든 능력과 부귀, 지혜와 힘, 존귀와 영광 그리고 찬양이 아버지께 있음을 날마다 고백하는 것이 천국에서의 삶입니다. 이 땅에서 천국을 누리는 비결은 성령님을 간구하고 기도로 영광을 올려 드리는 것입니다. 주기도문을 통해서 우리의 삶이 새로워지고 날마다 주님께로 가까이 나아가는 하나님의 자녀가 되기를 소망합니다.

영원히 아버지께 있습니다

part 2

예수님의 대제사장 기도

10
아들을 영광스럽게 하소서

… 아버지여, 때가 됐습니다. 아들이 아버지께 영광을 돌릴 수 있도록
아들을 영광스럽게 하소서.
… 이제 아버지 앞에서 나를 영광스럽게 하소서.
— 요한복음 17장 1~5절 —

기도가 나오지 않는 것은 환경의 문제가 아니라 마음의 문제입니다. 비전과 꿈이 사라지면 기도가 나오지 않습니다. 반대로 은혜가 넘치면 어떠한 고난과 시련이 와도 능히 극복할 수 있습니다. 삶을 편안하게 살게 해 달라는 기도가 아니라 강한 믿음의 사람이 되겠다고 다짐하는 기도를 하시길 바랍니다. 내 능력에 맞는 일만을 달라고 기도하지 말고 하나님이 주신 사명을 감당할 수 있는 사람이 되게 해 달라고 기도하기 바랍니다.

주여, 우리에게 기도를 가르쳐 주소서!

기도하는 방법

기도는 실제로 기도를 함으로써만 배울 수 있습니다. 스스로 기도하지 않으면 기도를 배울 수 없습니다. 우리는 예수님이 가르쳐 주신 주기도문을 통해 기도를 배웠습니다. 주기도문은 기도의 모범이라고 예수님이 가르쳐 주셨습니다.

요한복음 17장은 예수님이 직접 기도하신 내용입니다. 예수님은 제자들이 들을 수 있도록 기도하셨습니다. 어떤 의미에서 대표기도라 할 수 있습니다. 예수님의 기도 소리가 제자들에게 들렸기 때문에 제자들은 예수님의 기도 내용을 기억하고 받아 적을 수 있었습니다.

기도의 능력

기도 소리를 들려준다는 것은 중요합니다. 때로 우리는 오랜 시간 설교를 듣는 것보다 한 사람의 기도를 듣고 은혜를 받을 때가 있습니다. 또한 목회자, 성도, 장로의 대표기도는 중요합니다. 그 교회의 영성이 한 사람의 대표기도를 통해 나타날 수 있기 때문입니다. 기도를 들어 보면 그 사람이 하나님과 어떤 관계를 맺고 있는지를 느낄 수 있습니다. 기도를 듣는다는 것은 하나

아들을 영광스럽게 하소서

님과의 관계를 엿보는 효과가 있습니다.

자녀들에게 백 마디의 잔소리를 하는 것보다 자녀의 손을 잡고 기도해 주는 것이 훨씬 효과적입니다. 자녀들의 머릿속에 부모의 기도가 기억되면 당장은 불순종하고 하나님의 뜻을 모르는 자녀라 할지라도 결국엔 변화될 것입니다. 이것이 바로 기도의 능력입니다.

하나님의 제자를 양육하는 일대일도 마찬가지입니다. 많은 대화를 통해 그 사람을 변화시키려고 하지 말고, 진실한 마음과 그 영혼을 향한 마음을 기도로 전달하면 말씀의 능력이 나타납니다.

성령의 감동 가운데 드리는 기도는 영혼을 살리는 힘이 있습니다. 예수님은 하나님과 나눈 친밀한 기도를 통해서 능력을 나타내셨습니다. 예수님이 하신 기도를 우리가 하게 되면 기도가 변화되고 날마다 성령님의 임재를 느낄 수 있습니다.

위대한 기도의 세 가지 이유

'아들을 영광스럽게 하소서'라는 기도가 위대한 세 가지 이유가 있습니다.

첫째, 이 기도를 드린 분이 삼위일체 하나님 중 한 분이신 성자 예수 그리스도라는 것입니다. 성자 예수님과 성부 하나님이 나누었던 친밀한 대화를 들으면 삼위일체 하나님의 존재를 믿을 수 있습니다. 예수님의 기도를 통해 성부 하나님과 성자 예수님의 친밀한 관계와 인간 구원을 위한 계획을 알 수 있습니다. 예수님은 하나님과의 친밀한 대화를 통해 하나님의 뜻을 간구하고 행하는 데 자신의 삶을 드렸습니다.

둘째, 기도가 드려진 시점입니다. 예수님은 3년 동안 제자들과의 공생애를 마치시고 십자가로 향하시기 직전에 이 기도를 하셨습니다. 제자들은 불안했습니다. 그런 제자들에게 예수님은 "너희는 마음에 근심하지 말라. 하나님을 믿고 또 나를 믿으라"(요 14:1)고 말씀하셨습니다. 예수님은 늘 기도를 통해 마음속에 성령님이 임하도록 간구하셨습니다.

여러분은 인생의 마지막 날에 무슨 일을 하시겠습니까? 예수님은 인생의 마지막 시간을 기도하면서 보내셨습니다. 그것은 말씀과 기도의 균형을 보여 준 것입니다. 십자가에 달리시기 전에도 기도하셨습니다. 위기 상황이 닥치면 기도를 할 것 같지만 평소에 기도하는 습관이 없다면 위급한 순간에도 기도는 나오지 않습니다. 기도하는 습관을 가진 사람만이 위기 가운데에서도 기도로 승리할 수 있습니다.

셋째, 예수님은 세상 속에 살고 있는 우리가 현실 속에서 영

아들을 영광스럽게 하소서

원한 생명을 누릴 수 있도록 간구하셨다는 것입니다. 믿음 생활은 현실을 떠나 세상을 등지는 것이 아닙니다. 기업, 경제, 가정, 인간관계 등 현실에서 발생하는 갈등이 많은데 예수님은 우리가 이러한 문제들을 위해 기도하기를 원하십니다.

우리는 보냄을 받은 사람들입니다. 세상으로부터 도망친 사람들이 아니라 세상으로 파송된 사람들인 것입니다. 우리는 제자로서 또 사도로서 삶을 살아야 합니다. 제자는 예수님을 본받는 사람이고 사도는 보냄을 받은 사람을 의미합니다. 제자의 삶이 훈련되면 사도의 삶을 살게 됩니다. 세상에 보냄을 받은 사람들이 어떻게 살아야 하는지를 예수님은 기도를 통해 가르쳐 주셨습니다.

하나님의 영광을 나타내는 삶

핸드벨은 각각의 소리가 다릅니다. 각자 내는 소리가 하나의 소리로 모여 아름다운 화음을 만들어 냅니다. 여기서 가장 중요한 것은 타이밍입니다. 우리의 삶에서도 타이밍이 중요합니다. 하나님의 때에 맞춰 자신의 사명대로 역할을 온전히 감당해야 합니다. 핸드벨 연주에서 소리를 내야 할 때 소리를 내지 않거나, 소리를 낼 순서를 틀리면 아름다운 소리가 나지 않습니다. 우리도 마찬가지입니다. 하나님의 때를 따를 때 하나님 안에서 하나가 됩니다.

교회도 마찬가지입니다. 하나님의 때에 따라 자신의 역할을 감당할 때 아름다운 공동체가 됩니다. 하나님이 들려주시는 음성을 듣고 하나님 안에서 하나 됨을 경험해야 합니다.

예수님은 자신을 영광스럽게 해 달라고 기도하셨습니다. 요한복음에서 말하는 영광은 본질적 영광과 사람들에게 나타나는 영광입니다. 예수님이 사람이 되셨을 때 본질적인 영광이 사라진 것이 아니라 사람들에게 영광을 나타내지 않으신 것입니다. 그런데 이제는 본질적인 영광을 나타낼 때가 왔습니다. 그 영광이 나타난 때는 십자가를 지실 때입니다. 십자가를 통해 하나님의 뜻이 이루어진 것입니다. 그 영광으로 인해 모든 사람이 구원을 받는 놀라운 사건이 벌어집니다.

예수님을 닮아 가는 삶

예수님은 이 사건을 통해 하나님의 영광을 나타내셨습니다. 자신을 희생하면서 하나님의 영광을 드러낸 것입니다. 예수님은 자신이 십자가에서 죽을 때가 가장 영광스러운 순간이라고 말씀하셨습니다. 이것이 예수님이 하신 기도의 핵심입니다.

아들을 영광스럽게 하소서

십자가에서 예수님의 인내와 온유, 겸손한 성품이 나타났습니다. 사람들은 십자가에 매달려 있는 예수님을 조롱했습니다. 십자가에 매달려 있던 예수님이 스스로 내려오실 능력이 없으셨을까요? 그렇지 않습니다. 그렇지만 예수님은 십자가에서 내려오지 않으셨습니다. 고난을 감당하지 못하면 인류를 구원할 수 없기 때문입니다. 그래서 인내하신 것입니다.

영광스러운 삶은 하나님의 뜻에 순종하는 것입니다. 예수님의 희생을 통해서 구원을 이루어 내는 것이 예수님의 간절한 소망이었습니다. 그렇게 우리가 구원을 받았습니다.

구원받은 자로서 우리는 이 땅에서 예수님과 친밀한 교제를 나누고 그분을 닮아 가는 삶을 살아야 합니다. 그것이 구원받은 자의 축복입니다. 죄에서 해방된 것에 그치지 말고 예수님을 닮아 가는 삶을 살아야 합니다. 예수님처럼 삶을 통해 하나님께 영광을 드러내는 삶을 살게 되길 바랍니다.

11

그들도 하나가 되게 하소서

나는 아버지께서 세상에서 택하셔서 내게 주신 사람들에게
아버지의 이름을 나타냈습니다.
… 우리가 하나인 것같이 그들도 하나가 되게 하소서.
― 요한복음 17장 6~11절 ―

기도의 목표는 하나님과 친밀한 사랑을 나누는 것입니다. 그
것이 하나님이 주시는 가장 큰 축복이기 때문입니다. 때때로 하
나님과의 관계가 끊어진 것처럼 느껴질 때가 있습니다. 그렇지
만 하나님은 우리를 포기하지 않으십니다. 포기하지 않으시는
하나님의 그 사랑 때문에 우리는 다시 기도하며 하나님께 나아
갈 수 있습니다. 우리는 때로 하나님을 놓을 때가 있지만 하나님
은 우리를 절대로 놓지 않으십니다. 누구도 하나님과 우리의 관

94

계를 끊을 수 없습니다.

하나님의 뜻을 이루는 기도

기도는 예수님이 하신 것처럼 해야 합니다. 예수님이 가장 영광스럽다고 느끼시는 순간이 언제인지 아십니까? 십자가를 지는 순간이었습니다. 예수님은 고난과 죽음의 순간이 가장 영광스러웠다고 말씀하셨습니다. 하나님의 구원 계획이 이루어지는 순간이었기 때문입니다. 예수님은 그분의 이름을 믿는 사람들에게 영생의 길을 열어 주시기 위해 자신의 모든 것을 내던지셨습니다.

예수님의 기도를 한다면 하나님의 뜻이 우리를 통해 이루어질 것입니다. 예수님의 기도는 무엇일까요? 그것은 자신을 통해 영원한 생명을 누군가에게 전하는 것입니다. 성경에 등장하는 인물 중에는 영광을 받은 사람들도 있지만 순교를 당한 사람도 있습니다. 그들은 믿음 때문에 자신의 생명을 예수님께 드렸습니다. 그들이 바로 예수님의 기도를 삶으로 보여 준 사람들입니다.

오늘 본문은 예수님이 3년 동안의 공생애를 마치시면서 제자들을 위해 기도하신 장면입니다. 예수님이 하신 기도의 내용은 공

그들도 하나가 되게 하소서

생애 기간의 사역을 하나님께 보고하는 내용입니다.

하나님의 놀라운 계획

예수님의 제자들은 직업과 연령, 문화적 차이가 확연히 다른 사람들이었습니다. 공생애 동안 예수님이 사역하면서 얼마나 힘 들었을까요?

> "나는 아버지께서 세상에서 택하셔서 내게 주신 사람들에게 아버지의 이름을 나타냈습니다. 그들은 아버지의 것이었는 데 아버지께서 내게 주셨고 그들은 아버지의 말씀을 지켰습 니다"(요 17:6).

예수님은 하나님이 세상에서 택하셔서 자신에게 주신 사람 들을 제자라고 정의하셨습니다. 크리스천들이 때때로 착각하는 것이 있는데 그것은 스스로가 예수님을 믿기로 선택했다는 생각 입니다. 우리는 하나님이 선택하셔서 예수님에게 보냈기 때문에 존재하는 것입니다. 우리의 선택보다 하나님의 선택이 먼저입니 다. 이 놀라운 하나님의 계획과 신비를 깨달을 때 진정한 믿음이 생깁니다.

신앙의 주인은 하나님

"나는 이미 얻었거나 이미 온전해진 것이 아닙니다. 나는 그 것을 붙잡으려고 좇아갑니다. 이는 나도 그리스도 예수께 붙잡혔기 때문입니다. 형제들이여, 나는 그것을 붙잡았다고 생각하지 않습니다. 그러나 이 한 가지만은 말할 수 있는데, 곧 뒤에 있는 것은 잊어버리고 앞에 있는 것을 붙잡으려고 그리스도 예수 안에서 하나님께서 위에서 부르신 그 부르심 의 상을 위해 푯대를 향해서 좇아갑니다"(빌 3:12~14).

십자가와 부활을 온전히 자신의 것으로 체득하지 못했다는 사도 바울의 겸손한 고백입니다. 때때로 우리는 십자가와 부활 의 사건에 대해 익숙하게 들어 왔기 때문에 그 놀라운 사건을 잘 알고 있다고 착각합니다. 이것은 교만입니다. 사도 바울의 고백 을 보십시오. 십자가와 부활의 사건은 단순한 생각으로 해석할 일이 아닙니다.

믿음의 시작은 내가 아니라 하나님입니다. 하나님이 우리를 붙잡아 주셨기 때문에 예수님을 만날 수 있는 것입니다. 신앙의 주인은 하나님입니다. 사람이 신앙의 주인이 되면 안 됩니다. 교 회도 마찬가지입니다. 교회는 하나님의 부르심을 받은 사람들이 모인 곳입니다. 어떤 사람들은 자신이 교회를 선택했다고 생각하는데 하나님이 우리를 교회로 불러 주셨기 때문에 교회에 오게 된 것입니다.

교회로 부르심을 받은 사람들은 하나님의 뜻을 구하는 공동체를 만들어야 합니다. 교회가 분열되는 이유도 하나님의 뜻을 구하기보다 자신의 주장이 옳다고 목소리를 높이면서 자기를 나타내기 때문입니다. 예수님도 제자들을 하나님이 선택해서 자신에게 주신 사람들이라고 말씀하셨습니다. 하나님의 뜻이 최우선입니다.

하나님을 나타내는 사역

예수님이 제자들에게 행하신 일에 대해 말씀하고 계십니다. 예수님이 하신 사역의 초점은 하나님의 존재와 능력을 나타내는 것입니다. 크리스천의 사명도 마찬가지입니다. 예수님처럼 하나님의 이름을 높여 드리며 하나님의 존재와 능력을 나타내야 합니다. 그것이 기도의 목표요, 삶의 목표입니다.

"나는 아버지께서 내게 주신 말씀을 그들에게 주었습니다.
그들은 그 말씀을 받아들였으며 내가 아버지께로부터 온 것

주여, 우리에게 기도를 가르쳐 주소서!

을 진정으로 알았고 또 아버지께서 나를 보내신 것을 믿었습니다"(요 17:8).

예수님의 말씀은 단순한 지식이 아니라 살아 있는 양식입니다. 제자들은 예수님의 말씀에 능력이 있다는 것을 알고 반응했습니다. 예수님이 오병이어의 기적을 나타내셨을 때 사람들이 몰려들었으나 더 이상 기적을 보여 주지 않자 떠났습니다. 그렇지만 제자들은 예수님을 떠나지 않았습니다. 그들은 누구보다 예수님의 말씀에 능력이 있다는 것을 알고 있었기 때문입니다. 하나님의 말씀에 능력과 생명이 있다는 것을 믿고 말씀에 반응하는 성도가 되십시오.

"이제 내가 그들을 위해서 기도합니다. 내가 세상을 위해 기도하는 것이 아니고 아버지께서 내게 주신 사람들을 위해 기도하는 것은 그들이 모두 아버지의 사람들이기 때문입니다. 내 것은 모두 아버지의 것이며 아버지의 것은 모두 내 것입니다. 그리고 나는 그들을 통해 영광을 받았습니다. 나는 더 이상 이 세상에 있지 않겠지만 그들은 아직 세상에 있고 나는 아버지께로 갑니다. 거룩하신 아버지여, 아버지께서 내게 주신 아버지의 이름으로 그들을 지켜 주셔서 우리

그들도 하나가 되게 하소서

가 하나인 것같이 그들도 하나가 되게 하소서"_(요 17:9~11).

예수님이 공생애 동안 함께 생활한 제자들을 평가하고 있습니다. 그런데 예수님이 제자들을 평가하신 내용이 이상합니다. 복음서에 나오는 제자들의 모습을 보면 도저히 이렇게 높게 평가할 수 없을 텐데 말입니다. 예수님이 제자들을 과대평가해서 하나님께 사실이 아닌 보고를 하는 것처럼 보일 수도 있습니다.

미래를 현재로 가져오는 기도

놀랍게도 예수님은 하나님께 예수님이 경험하신 제자들의 허물과 부족함을 이야기하지 않으셨습니다. 제자들이 하나님의 말씀을 받아들이고 지켰으며, 그것을 통해 예수님이 영광을 받았다고 말씀하셨습니다.

우리가 생각할 때에는 공생애 동안 예수님이 제자들을 가르치시면서 힘들었다고 기도하는 것이 진실한 기도 아닙니까? 제자들과 공동체를 이루어 가면서 생긴 어려움이 기도로 터져 나오는 것이 당연한 것 아닙니까? 그런데 예수님은 한탄하지 않으셨습니다. 왜 그러셨을까요? 제자들이 성령 받은 후 사도행전에서 보여 줄 모습을 미리 내다보고 기도하셨기 때문입니다. 예수님은 성령이 임하면 제자들이 변화될 것을 미리 알고 계셨기 때문에 이렇게 기도하신 것입니다.

제자들을 향한 예수님의 사랑이 위대하지 않습니까? 우리도 예수님처럼 우리 주변의 연약하고 상처를 주는 사람들이 지금 당장은 불편할지라도 그들에게 성령이 임하면 변화될 것을 믿고 기도해야 합니다. 예수님의 기도는 미래를 현재로 가져오는 기도입니다.

혹시 여러분의 자녀들이 연약하고 불순종합니까? 성령이 임했을 때 변화될 자녀들의 모습을 믿고 기도하십시오.

예수님을 닮아 가십시오

"아버지께서 내게 주신 사람들은 모두 다 내게 올 것이요, 또 내게로 나오는 사람은 내가 결코 내쫓지 않을 것이다"(요 6:37).

예수님의 부르심은 헛된 부르심이 아닙니다. 예수님은 허물 많고 불순종한 제자들을 향한 사랑을 포기하지 않으셨습니다. 예수님은 우리 한 사람 한 사람도 절대 포기하지 않으십니다. 크리스천들은 하나님에게서 벗어나면 살기 힘들어집니다. 하나님의 집에서 사는 것이 가장 편안합니다. 우리의 인생은 하나님의 것입니다. 하나님은 우리를 통해 영광 받으실 것입니다.

요한복음 17장에 나오는 '예수님이 직접 하신 기도'에는 하나님 아버지께 드리는 친밀한 기도가 나타나 있습니다. 십자가의 죽음을 앞둔 예수님의 기도에는 자신의 억울함을 호소하거나 간청하는 기도가 전혀 나타나지 않았습니다. 오히려 그 죽음이 하나님을 영광스럽게 하는 순간이라고 고백했습니다.

이처럼 예수님은 우리의 이성으로는 상상할 수 없는 신비의 기도를 드리셨습니다. 그러나 우리의 기도에는 탄원의 기도가 있습니다. 우리는 항상 억울한 일들을 하나님 앞에 탄원하고 호소하며 살아갑니다. 시편에 많은 탄원의 기도가 나옵니다. 다윗이 억울한 누명을 쓰고 핍박당할 때 하나님 앞에 탄원했던 기도가 우리에게 익숙합니다.

하나님이 우리의 기도에 응답하심을 믿기 때문에 우리는 시편의 기도를 즐겨 합니다. 그러나 우리가 어떠한 어려움과 상황 속에 처하더라도 예수님처럼 하나님께 영광을 올려 드리는 기도를 한다면 우리는 더욱더 주님의 마음에 합한 기도를 할 수 있습니다. 기도할 때 탄원의 기도보다는 주의 뜻을 이루는 감사의 기도와 신뢰의 기도, 미래에 대한 비전의 기도를 드릴 수 있게 되기를 바랍니다.

12

진리로 거룩하게 하소서

… 진리로 그들을 거룩하게 해 주소서.
… 그들을 위해 내가 나를 거룩하게 하는 것은
그들도 진리로 거룩하게 하려는 것입니다.
– 요한복음 17장 12~19절 –

진리의 성령님

요한복음 17장에는 세 가지 간구가 나옵니다. 첫 번째 '진리로 거룩하게 하소서', 두 번째 '저희로 하나 되게 하소서', 세 번째 '세상이 알게 하소서'라는 기도입니다.

이것이 핵심적인 세 가지 기도제목입니다. 그러나 사실 이것은 '저희가 진리 안에 하나 되게 하셔서 세상이 하나님을 알게 하소서'라는 한 가지 기도제목으로 만들 수 있습니다.

특별히 '진리로 거룩하게 하소서'라는 기도제목을 집중적으로 살펴보겠습니다.

> "진리로 그들을 거룩하게 해 주소서. 아버지의 말씀은 진리입니다"(요 17:17).

하나님 아버지의 말씀은 진리입니다. 예수 그리스도 자체가 진리입니다. 예수님은 '내가 길이요 진리요 생명이다'라고 말씀하셨습니다. 성령 하나님도 진리의 성령님이십니다.

> "그러나 진리의 성령 그분이 오시면 너희를 모든 진리 가운데로 인도하실 것이다. 그분은 자기 생각대로 말씀하시지 않고 오직 들은 것만을 말씀하시며 또한 앞으로 일어날 일들을 너희에게 말씀하실 것이다"(요 16:13).

예수님이 성령님을 소개하실 때 보혜사 성령님이 오실 것이라고 말씀하셨습니다. 여기에서 보혜사 성령님을 설명하는 수식어가 바로 진리의 성령님입니다. 이처럼 성령님의 많은 사역 가운데 가장 먼저 기억해야 할 사실은 '진리의 성령님'이라는 것입

진리로 거룩하게 하소서

니다. 진리란 하나님의 말씀, 예수 그리스도의 인격, 성령 하나님을 나타냅니다. 이처럼 진리는 변하지 않는 것, 옳은 것을 의미합니다. 아무리 시대와 문화가 바뀌어도 옳은 것은 변하지 않습니다. 진리는 변할 수 없는 것입니다. 모든 것에 기준과 표준이 됩니다.

거룩의 의미

진리를 정통이라고 합니다. 그러나 오늘날 대부분의 사람들은 정통성 있는 진리에 근거해서 살아가기보다는 전통에 익숙한 상태로 살아갑니다. 전통은 오래된 것을 의미합니다. 어느 시대든 어느 나라든 간에 옳고 그름에 상관없이 몇 백 년 이상 되면 다 전통으로 보존됩니다. 그렇기 때문에 세상은 전통을 중요하게 여깁니다. 그러나 그것이 하나님의 진리가 아니라면 과감히 버릴 수 있어야 합니다.

교회에도 진리가 아닌 전통이 있습니다. 만약 우리가 교회에서 진리가 아닌 전통을 추구한다면 정통성을 잃어버린 교회가 됩니다. 정통이 전통을 변화시키지 못하면 전통이 정통을 무너뜨릴 수 있습니다. 그러므로 성령님이 우리 가운데 오셔서 진리를 깨닫게 해 주셔야 합니다. 나의 가치와 태도가 이 세상에서

주여, 우리에게 기도를 가르쳐 주소서!

변하는 것에 근거하는 것이 아니라 변치 않는 하나님의 진리, 옳은 것, 어느 시대나 바른 것을 의지하고 살아가야 합니다. 그렇다면 대부분의 사람들은 왜 진리가 아닌 거짓에 의지하며 살아가는 것일까요?

모든 사람에게는 자신의 믿음의 체계가 있기 때문입니다. 부모님으로부터 받았던 교훈, 가훈, 학교에서 배웠던 가르침 등 자기가 인생을 살아오면서 체득하게 된 어떤 원리들에 의존하면서 살아가게 됩니다. 이것은 모두 일리가 있지만 진리가 아닌 것들이 많습니다. 그렇기 때문에 우리는 진리가 아닌 것들에 익숙해진 신앙생활을 하며 살아가고 있습니다.

성령님은 진리이십니다. 그렇기 때문에 성령이 충만하면 진리가 충만한 삶을 살 수 있습니다. 성령 충만한 삶은 진리 안에 살아가는 삶을 의미합니다. 진리의 성령이 우리를 거룩하게 하는 것입니다.

그래서 예수님은 우리를 위해 '진리만이 우리를 거룩하게 한다'는 기도를 하셨습니다. 거룩을 이야기할 때 우리는 무미건조하고 딱딱하고 재미없는 것을 상상합니다. 우리는 흔히 '거룩한 예배'를 움직이지 않고 숨 쉬지 않는 예배로 상상합니다. 그러나 이것은 단지 예배의 문화일 뿐입니다. 절대적 진리가 아닙니다. 예배의 형식이나 스타일은 절대적 진리의 기준이 아닙니다. 진

진리로 거룩하게 하소서

리는 변하지 않습니다. 진리 안에 변하지 않는 것이란 구별된다는 것을 의미합니다. 우리가 하나님께 구별되어 사용될 때 거룩한 것이지 우리 자체가 거룩한 것이 아닙니다. 우리의 모든 행위가 하나님께 구별되어 아름답게 사용되는 것이 바로 거룩한 삶입니다.

진리로 거룩해져야 하는 이유

진리로 거룩해져야 하는 첫 번째 이유는 진리로 거룩해질 때 주님의 기쁨이 충만한 사람의 모습으로 살 수 있기 때문입니다.

"그러나 이제 나는 아버지께로 갑니다. 내가 세상에서 이것을 말하는 것은 내 기쁨이 그들 속에 충만하게 하려는 것입니다"(요 17:13).

하나님은 '진리로 거룩하게 하소서'라는 기도가 이루어질 때의 모습을 바로 이 기도 가운데 보여 주셨습니다. 거룩함이란 기쁨이 없이 우울한 상태를 의미하는 것이 아닙니다. 세상이 가지지 못한 기쁨을 충만하게 누리는 것입니다. 심지어 환난 중에도 즐거워하는 것입니다. 인간의 존재의 목적은 하나님을 영화롭게 하며 영원토록 하나님을 즐거워하는 것입니다.

하나님은 하나님의 기쁨이 우리 안에 있길 원하십니다. 하나님의 기쁨이 우리 안에 충만하게 있어야 합니다. 만약 그렇지 못하다면 인생의 목적에 합당하지 않게 사는 것입니다. 기쁨이 충만하지 않은 삶은 진리 안에서 거룩해지지 않는 삶이기 때문입니다. 세상의 기쁨은 슬픔이 없는 상태만을 말합니다. 세상은 기쁨을 얻기 위해 슬픔이 생기면 다른 것으로 대체하려고 합니다. 그러나 하나님 안에서의 기쁨은 슬픔을 변화시켜 기쁘게 만드는 것입니다.

진리로 거룩해져야 하는 두 번째 이유는 우리가 세상의 악에서부터 보호를 받아야 하기 때문입니다. 우리가 진리로 거룩해질 때 세상의 악으로부터 보호를 받을 수 있습니다. 악으로부터 보호를 받는 삶이란 세상에 속하지 않은 사람으로 사는 삶입니다. 그러므로 우리가 세상 사람들로부터 들어야 할 질문은 '왜 우리처럼 살지 않느냐?'는 질문입니다. 세상 사람들과 다르게 살아감으로 세상으로부터 미움을 받아야 합니다. 그러나 요즘은 반대로 '교회가 왜 세상처럼 사느냐?'는 질문을 받습니다. 이것은 잘못된 것입니다.

"나는 그들에게 아버지의 말씀을 주었는데 세상은 그들을

진리로 거룩하게 하소서

미워했습니다. 내가 세상에 속해 있지 않은 것처럼 그들도 세상에 속해 있지 않기 때문입니다”(요 17:14).

우리가 세상과 다른 삶인 거룩한 삶을 살아감으로 미움을 받게 되기를 바랍니다.

진리로 거룩해져야 하는 세 번째 이유는 우리가 이 세상으로 보내심을 받은 사람들이기 때문입니다.

“아버지께서 나를 세상에 보내신 것같이 나도 그들을 세상에 보냅니다. 그들을 위해 내가 나를 거룩하게 하는 것은 그들도 진리로 거룩하게 하려는 것입니다”(요 17:18~19).

우리는 세상으로 보냄을 받은 사람들입니다. 진리로 거룩함을 받은 사람, 즉 세상으로 보냄을 받은 사람들은 이 세상에서 해야 할 일이 있습니다. 그것은 바로 사랑하는 것입니다. 거룩의 진정한 내용은 사랑입니다. 우리는 이 땅을 살아가면서 마음을 다해 사랑하고 세상을 섬겨야 합니다. 사랑을 통해서만이 우리가 세상을 구원하고 치유할 수 있습니다.

진리로 거룩해진다는 것은 아름다운 연주를 하는 것과 같습니다. 이 연주는 모든 성도들을 통해 아름답게 이루어져야 합니

주여, 우리에게 기도를 가르쳐 주소서!

다. 우리의 삶은 이 아름다운 진리의 음악이 울려 퍼지는 오케스트라 앞에서 거룩해질 수 있습니다. 그러므로 진리로 거룩한 인생을 살아가십시오. '진리로 거룩하게 하소서'라는 예수님의 기도가 우리의 삶을 통해 아름답게 이루어지기를 바랍니다.

13

믿는 자들을 위한 기도

내 기도는 이 사람들만을 위한 것이 아닙니다. 이 사람들이 전하는 말을 듣고
나를 믿는 사람들을 위해서도 기도합니다.
… 아버지의 그 사랑이 그들 안에 있고 나도 그들 안에 있게 할 것입니다.
― 요한복음 17장 20~26절 ―

신앙에서 가장 중요한 원리는 신앙을 '열매'로 이해하고 해석하는 것입니다.

열매는 맺어야 하는 것이 아니라 맺어지는 것입니다. 우리의 믿음이 자라면 저절로 열매가 맺어지는 것입니다. 하나님의 은혜 가운데 거하면 사랑하게 됩니다. 또한 용서하게 되고 믿음이 샘솟기 시작합니다.

믿음의 세 단계

믿음을 세분화시키면 세 가지 단계로 나눌 수 있습니다.

첫 번째 단계의 믿음은 '결단하는 믿음'입니다. 믿음의 세계로 들어가기 위해서는 모험을 하는 것처럼 움직이고 스스로 결단을 내려야만 합니다. 자신을 한 번 내려놓는 믿음과 모험하는 믿음이 필요합니다.

두 번째 단계의 믿음은 '믿어지는 믿음'입니다. 어떤 사람은 믿을 수밖에 없고 저절로 믿음이 가는 사람이 있습니다. 그 사람을 믿으려고 해서가 아니라 그 사람의 존재 자체가 믿음으로 다가오는 것입니다. 이것이 바로 믿어지는 믿음 혹은 믿을 수밖에 없는 믿음입니다. 이러한 믿음으로 하나님을 신뢰하면 세 번째 단계의 믿음에 도달하게 됩니다.

세 번째 단계의 믿음은 '내다보는 믿음'입니다. 믿음의 클라이맥스는 하나님이 아직 내게 약속하지 않으신 것도 내다볼 줄 아는 믿음을 갖는 것입니다. 이 믿음은 1단계와 2단계의 믿음을 체험해야만 가능합니다. 어떠한 약속도 주어지지 않은 상황 속에서도 앞을 내다보는 믿음이 우리에게 필요합니다.

내다보는 믿음의 기도

요한복음 17장에 나타난 예수님의 기도는 미리 내다보는 세 번째 단계의 믿음을 보여 주고 있습니다.

십자가가 기다리고 있었지만 예수님은 십자가 너머에 있을 영광스러운 미래를 바라보며 기도하셨습니다. 예수님은 제자들의 현재 모습을 바라보면서 기도하지 않으시고, 그들이 성령을 체험하고 변화되어 열매를 맺는 모습을 내다보고 기도하셨습니다.

하나님이 기뻐하시는 것은 '믿음의 기도'입니다. 하나님의 역사를 체험한 사람들은 하나님의 역사를 미리 내다보면서 기도할 수 있는 사람들이었습니다. 예수님은 당시의 제자들만을 위해서 기도하지 않으셨습니다. 예수님의 제자들을 통해서 하나님을 믿게 될 사람이 있다는 것을 내다보시고 미래의 제자들을 위해서도 기도하셨습니다. 예수님이 미래의 제자들을 위해 기도하신 내용은 '진리로 그들을 거룩하게 하소서', '저희로 하나 되게 하소서', '세상이 알게 하소서'입니다.

우리는 세상에 하나님을 전하고 싶어 합니다. 세상 사람들이 하나님을 알게 되길 바랍니다. 그런데 세상 사람들은 하나님을 알고 싶어 하지 않습니다. 그 이유가 무엇일까요? 예수님이 말씀하신 두 가지 기도제목이 이루어지지 않았기 때문입니다. 그

것은 우리가 진리로 거룩해지지 않았고, 하나 되지 않았기 때문인 것입니다. 이 때문에 세상 사람들은 하나님을 알고 싶어 하지 않습니다.

진정한 전도와 선교, 나눔은 세상 사람들이 하나님을 알고 싶도록 하는 것입니다. 우리는 삶을 통해서 세상 사람들이 하나님을 알고 싶어 하고, 믿고 싶어 하도록 격려하는 삶을 살아야 합니다.

예수님이 말씀하신 '하나 됨'

"아버지여, 아버지께서 내 안에 계시고 내가 아버지 안에 있는 깃같이 그들도 모두 하나가 되게 하시고 그들도 우리 안에 있게 해 아버지께서 나를 보내셨다는 것을 세상이 믿게 하소서"(요 17:21).

세상 사람들은 우리가 하나 될 때, 마침내 하나님을 믿게 됩니다. 그렇다면 진정한 하나 됨은 무엇일까요? 그것은 우리가 진리로 거룩해지고 하나가 되는 것을 의미합니다. 진리 안에서 하나가 될 수 있습니다. 우리가 진리로 거룩해지는 것을 추구하면, 하나 됨은 반드시 이루어집니다.

믿는 자들을 위한 기도

오늘날 교회가 위기를 맞게 된 이유는 진리를 잊어버렸기 때문입니다. 우리는 진리를 조금씩 축소시키고 상대화시키고 있습니다. 그러나 하나님은 모든 시대를 꿰뚫는 진리인 성경을 주셨습니다. 우리는 그 진리를 따라야 합니다. 진리를 믿고 나아갈 때 진정한 하나 됨을 이룰 수 있습니다.

우리는 오직 진리 안에서만 하나가 될 수 있습니다. 이 하나 됨은 '배타적인 하나 됨'입니다. 진리 안에 있는 사람과 진리 밖에 있는 사람은 하나가 될 수 없습니다. 분리될 수밖에 없기 때문입니다. 예수님이 기도하신 대로 '진리로 거룩하게 하소서'라는 기도가 응답되면 자연스럽게 '하나 되게 하소서'라는 기도도 이루어지게 됩니다.

하나 됨의 원리와 모델

예수님이 하신 '하나 되게 하소서'라는 기도에는 하나 됨의 중요한 원리가 숨어 있습니다. 예수님은 '아버지께서 내 안에 계시고 내가 아버지 안에 있는 것같이'라고 말씀하셨습니다. 이것이 바로 하나 됨의 중요한 모델입니다. 하나 됨에는 세 가지 유형이 있습니다.

첫 번째는 삼위일체 하나님의 하나 됨입니다. 성부, 성자, 성령 하나님은 하나가 되셨습니다. 두 번째는 예수님 안에 있는 두 가지 본성의 하나 됨입니다. 예수님의 신성과 인성은 전혀 분리되거나 혼합되지 않고 하나 됨을 이루고 있습니다. 세 번째는 예수님과 예수님께 속한 사람들의 하나 됨입니다. 이것이 바로 그리스도인들의 하나 됨을 의미하는 것입니다. 이 하나 됨은 예수 그리스도를 중심으로 한 하나 됨입니다. 네 번째는 예수님께 속한 사람들끼리의 하나 됨입니다.

첫 번째와 두 번째에서 말한 하나 됨은 우리가 할 수 있는 일이 아닙니다. 하나님이 이루시는 것입니다. 그러나 그리스도인들의 하나 됨은 우리가 이룰 수 있습니다. 어떻게 하면 우리가 하나 됨을 이룰 수 있을까요? 바로 우리가 예수 그리스도 안에 거힐 때 하나님과 하나가 될 수 있습니다. 모든 교회들이 주님의 몸 된 교회로서 하나가 되어 영적인 연합을 이루기를 간절히 소망합니다.

그리스도 안에서 서로 사랑하라

그렇다면 하나 됨의 목표는 무엇일까요? 하나 됨을 통해서 예수님이 이루고자 하신 일은 바로 세상에 하나님의 사랑을 알리는 것입니다.

“그것은 또, 아버지께서 나를 보내신 것과 아버지께서 나를 사랑하신 것처럼 그들도 사랑하셨다는 것을 세상이 알게 하려는 것입니다. 아버지여, 아버지께서 내게 주신 사람들이 내가 있는 곳에 나와 함께 있어 내 영광, 곧 아버지께서 세상이 창조되기 전부터 나를 사랑하셔서 내게 주신 영광을 그들도 보게 하소서”(요 17:23~24).

세상이 하나님의 사랑을 알게 하기 위해서는 우리가 하나님 안에서 하나가 되어야 합니다. 우리가 하나 되면 세상 사람들이 하나님의 사랑과 예수 그리스도의 영광을 알게 될 것입니다.

하나님의 사랑으로 초대

“내가 너희에게 새 계명을 준다. 서로 사랑하라. 내가 너희를 사랑한 것같이 너희도 서로 사랑하라. 너희가 서로 사랑하면 이로써 모든 사람들이 너희가 내 제자임을 알게 될 것이다”(요 13:34~35).

예수님은 그리스도인들이 하나님 안에서 서로 사랑하면 세상이 하나님을 알게 될 것이라고 말씀하셨습니다. 우리가 예수님

주여, 우리에게 기도를 가르쳐 주소서!

의 말씀에 순종하며 나아갈 때, 세상은 하나님을 알게 될 것이고 예수님의 영광을 보게 될 것입니다. 그들도 우리처럼 하나님 안에 거하게 될 것입니다. 그들을 하나님의 사랑 안으로 초대하는 것입니다.

우리는 예수 그리스도 안에 거하며 진정한 코이노니아(Koinonia)를 이루어야 합니다. 우리의 하나 됨을 통해서 세상 사람들이 하나님을 믿고 그분께 영광을 올리게 될 것입니다.

신앙의 아름다운 열매가 우리의 삶과 기도, 교회를 통해 이루어지기를 간절히 바랍니다.

믿는 자들을 위한 기도